世界哲學家叢書

泰戈爾

宮 靜 著

1992

東大圖書公司印行

國立中央圖書館出版品預行編目資料

泰戈爾／宮靜著.--初版.--臺北市：
東大出版：三民總經銷，民81
面；　公分.--(世界哲學家叢書)
參考書目：面
含索引
ISBN 957-19-1435-5 (精裝)
ISBN 957-19-1436-3 (平裝)

1. 泰戈爾(Tagore, Rabindranath, 1861-1941)-學識-哲學

137.0908　　　　81004270

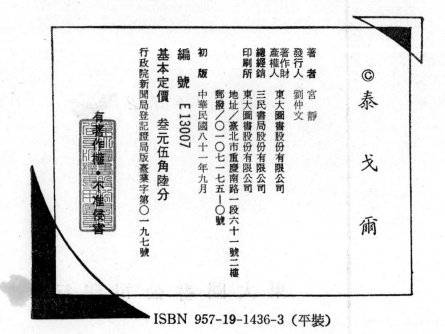

著　者　宮靜
發行人　劉仲文
著作財產權人　東大圖書股份有限公司
總經銷　三民書局股份有限公司
印刷所　東大圖書股份有限公司
地址／臺北市重慶南路一段六十一號二樓
郵撥／〇一〇七一七五一〇號
初　版　中華民國八十一年九月
編　號　E13007
基本定價　叁元伍角陸分
行政院新聞局登記證局版臺業字第〇一九七號

ISBN 957-19-1436-3 (平裝)

「世界哲學家叢書」總序

本叢書的出版計劃原先出於三民書局董事長劉振強先生多年來的構想，曾先向政通提出，並希望我們兩人共同負責主編工作。一九八四年二月底，偉勳應邀訪問香港中文大學哲學系，三月中旬順道來臺，卽與政通拜訪劉先生，在三民書局二樓辦公室商談有關叢書出版的初步計劃。我們十分贊同劉先生的構想，認爲此套叢書（預計百册以上）如能順利完成，當是學術文化出版事業的一大創舉與突破，也就當場答應劉先生的誠懇邀請，共同擔任叢書主編。兩人私下也爲叢書的計劃討論多次，擬定了「撰稿細則」，以求各書可循的統一規格，尤其在內容上特別要求各書必須包括 (1) 原哲學思想家的生平；(2) 時代背景與社會環境；(3) 思想傳承與改造；(4) 思想特徵及其獨創性；(5) 歷史地位；(6) 對後世的影響（包括歷代對他的評價），以及(7) 思想的現代意義。

作爲叢書主編，我們都了解到，以目前極有限的財源、人力與時間，要去完成多達三、四百册的大規模而齊全的叢書，根本是不可能的事。光就人力一點來說，少數教授學者由於個人的某些困難（如筆債太多之類），不克參加；因此我們曾對較有餘力的簽約作者，暗示過繼續邀請他們多撰一兩本書的可能性。遺憾的是，此刻在政治上整個中國仍然處於「一分爲二」的艱苦狀態，加上馬列教條的種種限制，我們不可能邀請大陸學者參與撰寫工作。不過到目前爲止，我們已經獲得八十位以上海內外的學者精英全力支持，包括臺灣、香港、新加坡、澳洲、美國、西德與加拿大七個地區；難得的是，更包括了日本與大韓民國好多位名流學者加入叢書作者的陣容，增加不少叢書的國際光彩。韓國的國際退溪學會也在定期月刊《退溪學界消息》鄭重推薦叢書兩次，我們藉此機會表示謝意。

原則上，本叢書應該包括古今中外所有著名的哲學思想家，但是除了財源問題之外也有人才不足的實際困難。就西方哲學來說，一大半作者的專長與興趣都集中在現代哲學部門，反映着我們在近代哲學的專門人才不太充足。再就東方哲學而言，印度哲學部門很難找到適當的專家與作者；至於貫穿整個亞洲思想文化的佛教部門，在中、韓兩國的佛教思想家方面雖有十位左右的作者參加，日本佛教與印度佛教方面卻仍近乎空白。人才與作者最多的是在儒家思想家這個部門，包括中、韓、日三國的儒學發展在內，最能令人滿意。總之，我們尋找叢書作者所遭遇到的這些困難，對於我們有一學術研究的重要啟示（或不如說是警號）：我們在印度思想、日本佛教以及西方哲學方面至今仍無高度的研究成果，我們必須早日設法彌補這些方面的人才缺失，以便提高我們的學術水平。相比之下，鄰邦日本一百多年來已造就了東西方哲學幾乎每一部門的專家學者，足資借鏡，有待我們迎頭趕上。

以儒、道、佛三家爲主的中國哲學，可以說是傳統中國思想與文化的本有根基，有待我們經過一番批判的繼承與創造的發展，重新提高它在世界哲學應有的地位。爲了解決此一時代課題，我們實有必要重新比較中國哲學與(包括西方與日、韓、印等東方國家在內的)外國哲學的優劣長短，從中設法開闢一條合乎未來中國所需求的哲學理路。我們衷心盼望，本叢書將有助於讀者對此時代課題的深切關注與反思，且有助於中外哲學之間更進一步的交流與會通。

最後，我們應該強調，中國目前雖仍處於「一分爲二」的政治局面，但是海峽兩岸的每一知識份子都應具有「文化中國」的共識共認，爲了祖國傳統思想與文化的繼往開來承擔一份責任，這也是我們主編「世界哲學家叢書」的一大旨趣。

傅偉勳　韋政通

一九八六年五月四日

自　序

我記得還是在天津市第一女子中學讀書時，便養成每晚完成作業後，從九點到十一點閱讀外國文學作品的習慣，最初是蘇聯小說，後來是俄國古典名著，從俄國又發展到法國、英國、意大利，幾乎將女一中圖書館能借到的西方名著，都囫圇吞棗讀完了。爲了不讓媽媽再三催促關燈，我常常借助外屋哥哥房間的燈光通過大鏡子照在我床頭的反光偷偷看書，當時自認爲找到了竅門，但是不久就帶上了四百度的近視鏡。這以後不再借反光看書而愛好文學的習慣未改。就是在那時我已熟悉了泰戈爾的名字，我喜歡他的《新月集》和《飛鳥集》。

1955年陰差陽錯，我居然步入北京大學哲學系，在這之前我只看過《大眾哲學》，對於哲學仍可謂一無所知，但是本著旣來之則安之的心理，我還是按部就班地接受了哲學專業的系統教育，五年期滿結業後，自覺人變得聰明了，看問題深刻了，思想也靈敏了，哲學的確是賦予人智慧的科學，它使我認識到一切藝術形式都是內在思想的表現，要瞭解人物和作品的價值必須透過現象看其本質，事物的本質規律卽屬於哲學研究的範疇。

1978年改革開放的嶄新政策爲各行各業帶來了生機。知識階層也掀起歸隊的高潮，所謂歸隊卽是回到本專業的研究領域。於是我也從建築材料管理行業隨波逐流回到外國哲學宗教本行，起個大早卻趕個晚集，不怨天，不尤人，只以「勤奮」二字起步，我想這正是我所處的那個時代大陸知識份子的共性。

1982年我已在原有基礎上苦幹了四年，這當中從原始資料入手，全面熟悉印度歷史和哲學宗教史，爲了閱讀外文原著，從1977年開始重新撿起英文，還不得不在四十多歲時開始學習梵文，否則看不懂印度專業書。由於我有烏龜賽跑的耐力，終於發表了幾篇拙文，其中在金克木教授指導下所寫的一篇論文，被譯成英文，代表當時的南亞所提交給在印度召開的「世界第五次梵文大會」。

我開始選擇「泰戈爾哲學思想」課題，是由於黃心川教授的建議，這是1981年在國內紀念泰戈爾誕辰120周年學術討論會上提出的，黃先生無暇顧及，故建議我來承擔。我旣是哲學科班出身又愛好文學，尤其喜歡泰戈爾的詩歌，便欣然接受下來。從1982年開始陸續讀完能借到的全部中文資料，然後閱讀翻譯泰戈爾的英文著作。我對資料的選擇側重於兩方面：一是盡量找到他本人的著作，力爭把握第一手材料，他人的研究成果只作爲參考；二是側重於被文學愛好者忽略的論文和演講集，這些著作更加直接反映泰戈爾的哲學和社會思想。但遺憾的是我不懂孟加拉文，使著作受到局限。至1986年經過四、五年的努力基本定稿，可是由於主客觀的多種原因未能及時出版。1988年我有機會赴印度訪問，有幸參觀了泰戈爾的祖居、位於聖地尼克坦的國際大學、泰戈爾紀念館、國際大學圖書館，受到校方和中文系師生的熱情歡迎，當印度陪同學者知道我正在研究泰戈爾的哲學思想，需要他的著作時，印度朋友帶我跑到國際大學書店和大學設在加爾各答市的印刷廠，我如獲至寶，將泰戈爾的英文演講集全部買到，只缺〈人的宗教〉一文。在印度訪問期間我還有緣結識了一位臺灣年輕學者郭女士，她正在研究佛教藝術，後來我們成爲朋友，這大概正是《泰戈爾》一書今天能在臺灣出版的偶然契機。

從印度回國後，又在原稿基礎上不斷添枝加葉，大刪大改，總算告一段落。醜媳婦也得見公婆，正當我託境內外朋友聯繫出版時，喜得美國傅偉勳教授來大陸邀稿，經黃心川教授推薦將書稿轉寄東大圖書公司，經審核納入「世界哲學家叢書」系列，使我多年的耕耘有所收穫。這裏我僅向幫助過我的中外學者致以衷心的感謝。

至於撰寫這部書的意義和關於泰戈爾是不是哲學家的爭議，請見本書前言。並在此敬請廣大讀者賜教。

作者於北京

1992年7月26日

泰戈爾　目次

「世界哲學家叢書」總序
自　　序
前　　言……………………………………………………………1
第 一 章　跨越世紀的時代烙印……………………………………1
第 二 章　絢麗多彩的著作生涯……………………………………11
第 三 章　源遠流長的哲學思想及其特點…………………………27
第 四 章　有神論和「梵我如一」的世界觀………………………41
第 五 章　認識論與「和諧統一」的方法論………………………61
第 六 章　「眞理是一切事物的綜合」……………………………83
第 七 章　積極進取的人生觀………………………………………99
第 八 章　愛國主義和「世界公民」……………………………123
第 九 章　「教育的最高宗旨是實現靈魂的自由」……………151
第 十 章　詩人和藝術家的宗教觀………………………………167
第十一章　協調與韻律的美學觀…………………………………185
第十二章　泰戈爾是中國人民的眞誠朋友………………………211
泰戈爾年表…………………………………………………………229
參考書目……………………………………………………………241
索　　引……………………………………………………………247
後　　記……………………………………………………………253

前　言

羅賓德拉納特·泰戈爾 (Rabindranath Tagore) 是近代舉世聞名的印度偉大的愛國主義詩人、文學家、藝術家和社會活動家。他在漫長的人生旅途上，艱難曲折地度過八十個春秋。當人們問到他的最大優點是什麼時，他答道：「自相矛盾。」而當問到他的最大缺點是什麼時，他回答說：「仍然是自相矛盾。」的確，泰戈爾的一生，在理想和現實、革新和守舊、有神和無神，西方文化和東方傳統之間，內心充滿了矛盾。他的一生就像他的哲學觀一樣，永遠不斷的在運動、變化和更新。詩人說：「沒有一個人長生不老，也沒有一件東西永久長存。……一個獨一無二的詩人不必唱一個古老的歌❶。」是的，泰戈爾正是在現實生活的漩渦中，不倦地追求人生的眞諦，由一個理想的人道主義者成長爲一個同情民族革命、爭取民族獨立的無畏的戰士。

泰戈爾作爲一位詩人和文學家，在二十世紀二、三十年代曾對我國現代詩歌產生重要影響，他的一些優秀的詩篇曾多次譯成中文。1924年，泰戈爾曾來中國訪問。其後，他的詩歌、小說、戲劇和散文相繼翻譯和出版很多，他的作品在我國廣爲流傳，但都偏重於文學方面，哲學著作和論文的介紹不多，對他的哲學思想的系統研究也很少見。那麼，泰戈爾是不是哲學家呢？人們有

---

❶ 泰戈爾：《園丁集》第68首，頁53，1959年，上海文藝出版社。

不同的看法。有人認爲總的說來泰戈爾最重要的是位有情者，他對於神、人和大自然充滿了執著的情愛。「或許沒有比把一位詩人當成哲學家、看不到他變幻莫測的心情和無視其詩句中的音樂性、徒勞地試圖尋求他的思想陰影更爲愚蠢的事了❷。」但有人則認爲泰戈爾無疑的是位哲學家。他們認爲，判斷是否哲學家的根據，首先涉及人們對哲學的理解，如果僅僅把哲學看成是一些概念和範疇，是通過高度分析，把現實分解爲碎片，然後再重新拼湊，組成一種體系，無視人的感情和想像力，只關心抽象眞理的本質，而不關心人們精神上的和諧。以這種片面的哲學定義去衡量泰戈爾，那麼就很難把泰戈爾說成是一位哲學家。可是，哲學的概念並非如此，希臘文 Pilosophia 一詞的原意是「熱愛智慧」，愛寓於心，智慧勝於知識，哲學可以撫慰人類，鼓勵自我反省，培養對問題的思考、堅定人們的信念。廣義上，哲學還包括高尚的行爲、豐富的想像力和深刻的洞察力。而泰戈爾的思想正是涉及到生命的最深刻的價值，他具有綜合的世界觀、機智的理性、靈敏的感情、接受新思想的能力和對於不同觀點的寬容，這一切都賦予他的思想以普遍的意義，因此，無疑地，泰戈爾是位哲學家❸。有人更明確提出:「羅賓德拉納特・泰戈爾兼備天才品質於一身，同時是詩人、哲學家、人道主義者和教育家❹。」總之，按照傳統的哲學定義，泰戈爾很難被認爲是一個「哲學

---

❷ 克里希那・克里巴拉尼: 《泰戈爾傳》，頁130，牛津大學出版社，1962年，倫敦。

❸ V.S. 納羅婆尼: 《泰戈爾導論》，頁26-27，1977年，印度馬德拉斯，英文版。

❹ 簡・亞當斯: 《泰戈爾佳作集》轉引自克里希那・克里巴拉尼《泰戈爾傳》，頁284，注17，版本同前。

家」，哲學是理論化、系統化的世界觀，是自然、社會和人類思維規律的概括和總結。它既不是對各種現象的簡單描述，也不是對各種思想的機械拼湊，而是按照一定的原則邏輯地連貫起來的理論體系，因此，它來源於生活，又區別於生活。作爲一位哲學家，他應該擔負起哲學作爲一門科學所具有的責任，也就是說，他應該對自然、社會和人類思維的一般規律提出明確、系統、科學的理論論斷和依據。泰戈爾則不是這種類型的哲學理論家。在他一生中可能沒有寫出一本系統完整的哲學教科書，但他一生中所發表的演講、書信、散文中充滿了極其豐富睿智的哲理火花，特別是在大量文學作品中，字裏行間無處不滲透著他的人生哲理。他作爲一位詩人、文學家、戲劇家、藝術家和社會活動家，在他所發表的五十多本詩集、十二部中篇和長篇小說、一百多篇短篇小說、二十餘種劇本、兩千首歌曲、二千五百幅繪畫和大量論文、演講、回憶錄中，都清晰地體現出他的靈魂思想，這包括他的宇宙觀、人生觀、宗教觀、眞理觀、認識論、方法論、社會政治和倫理思想，他的愛國主義和國際主義思想以及他的教育和美學思想等。將閃爍在他的著作中的智慧火花集中起來，完全可以反映出他的思想深處非凡的廣義上的哲學觀。因此，我們完全可以稱他是一位偉大的東方詩哲，卽對世界和人生持有藝術家的深刻的哲學見解。所以解剖泰戈爾豐富多彩的藝術形式，進一步探索他的思想精髓，並非是徒勞無益的工作，它的意義在於：

第一，能够加深對泰戈爾文學作品的理解和研究。詩人的同一靈魂在不同的藝術形式中都有表現，內容和形式是一與多的關係，透過對他哲學和社會思想的研究，必能更好地把握他的文學和藝術作品的核心、它們的作用和價値，以及它們現實的和長遠的意義。

第二，能够通過泰戈爾的思想透視出印度傳統思想與西方思想的交流和融合。泰戈爾思想是在近代印度淪爲英國殖民地後的特定歷史條件下出現的。在泰戈爾思想中，旣深受印度五千年古老文明的吠陀、奧義書精神的潛移默化，又受到西方近代思想特別是英國文化的影響，梵我如一的世界觀與和諧統一的方法論同西方的民主、自由、平等、人性的政治、社會思想結合在一起，形成了泰戈爾獨特的思想風格，對印度的民族獨立運動產生了巨大的影響。

第三，能够促進和發展中印兩大民族之間的相互瞭解和增強友誼。泰戈爾是中國人民的眞摯朋友，在中華民族的危急關頭，他強烈譴責日本軍國主義的野蠻侵略，支持我國的抗日戰爭；他曾預言中華民族蘊藏有巨大力量，這種力量一旦放在現代化道路上運行，世界上將沒有任何力量能够阻擋他們向前邁進。中國和印度有幾千年相互來往的歷史，兩國古老的文化曾經互相交流互相影響，各自對東方文明做出了傑出的貢獻。今天，我們對泰戈爾哲學思想進一步瞭解，對促進中印文化繼續交流不是沒有意義的。

以上三方面也正是本書力圖實現的願望，祈望海內外專家、學者予以指正並致以衷心感謝。

宮 靜

1991年春節

第一章　跨越世紀的時代烙印

羅賓德拉納特·泰戈爾（1861. 5. 7. -1941. 8. 7. ）一生跨越十九世紀後半期至二十世紀前半期，歷經八十年。這個時期國際上總的特點是：一方面在歐洲、美國和日本已相繼進入資本主義社會，並進一步發展爲帝國主義，世界上出現了少數帝國主義強國，他們爭奪國外市場，搶佔勢力範圍，奪取殖民地，出現列強瓜分全球的形勢。他們在世界上落後地區的利害關係矛盾日益加深，引起劇烈衝突，終於在1914年和1941年先後爆發了兩次世界大戰；另一方面在帝國主義國家的內部和帝國主義宗主國與殖民地、半殖民地間的矛盾也日趨激化，各國工人運動和民族獨立運動不斷高漲，第一次世界大戰後期，俄國工人階級推翻了沙皇統治，建立了世界上第一個無產階級專政的社會主義國家。泰戈爾生長的時代，正是一個動盪不安的時代。

在印度，自1600年英國成立東印度公司至1861年泰戈爾誕生，英國對印度的侵略已長達260年。在這期間，英國曾通過多次兼併戰爭擊敗了法國、葡萄牙和印度本土各部族的勢力，於十九世紀中葉，確立了對印度的獨佔統治地位，其具體表現是：

在政治方面，根據1833年的「特許狀法」，東印度公司已由貿易機構變爲英王下屬的行政機構，英國在印度設立總督和參事會，總督是印度的最高長官，有權制訂法律和規章，管轄印度境內的所有印度人和在印的英國人。英屬印度政府的高級官員全部是英國人，各縣行政大權也完全集中在兩名英國官員手中。對於印度幾百個土邦，英國則採取三種政策：一是戰爭兼併；二是確定「權利失效原則」，規定自莫臥兒帝國傾覆後，英國政府處於最高權力地位，凡是英國政府扶持起來的「從屬」土邦或保持從屬地位的土邦，其嫡嗣中絕的時候，主權即轉歸英國政府。據此原則，自1848年至1854年，先後將薩塔拉、賈伊特普爾、桑巴普爾、巴加特、烏代普爾、那格普爾和占西併入英帝國。三是接管失政的土邦，並美其名曰「解除千千萬萬人民的痛苦。」在這些政策的驅使下，不少土邦完全喪失了政治上的獨立，被迫歸附英國的管轄。

在經濟方面，十九世紀中葉，印度已喪失了在世界貿易和工業上足以自豪的優越地位，成爲英國在海外最大的商品銷售市場和糧食與原料產地。英國首先利用高額進口關稅限制印度商品輸入英國，同時卻以免稅進口的特惠鼓勵英國貨物輸入印度市場，這樣，印度就成爲英國十八世紀保護貿易政策和十九世紀自由貿易政策的犧牲品。到1850年，向來以出口棉織品著稱的印度不得不從英國大量輸入棉織品，數額相當英國棉織品出口總値的四分之一。毛、絲織品的進出口差額也越來越大，據統計，1858年印度從英國進口毛織品已增加到262,000英鎊，而印度對英國的出口量每年平均不超過28,000英鎊。大批廉價工業品的進口造成印度本國經濟衰退，手工業者急遽破產。

在農村，英國則直接從印度強徵田賦，其上繳比例高達農民總收入的50-70%，並強迫農民種植英國所需要的農產品，如棉花、黄麻、藍靛、鴉片等。在這種畸形的、破壞性的掠奪下，印度農業發生危機，大批農民破產逃往城市，和城市破產的手工業者匯合成赤貧的失業大軍。

在軍事方面，印度士兵處境惡化，他們受英國政府的調遣，接連不斷地遠征他鄉，被迫從事侵略與兼併戰爭，待遇低微，而且得不到額外津貼。軍隊所招募的士兵多數都是高級種姓出身，這些人對種姓權利極爲敏感，英國軍官又不尊重印度士兵的宗教信仰習俗，強迫他們用牛油或猪油作爲武器的潤滑油，這就引起印度教士兵和伊斯蘭教士兵的普遍不滿。

總之，政治壓迫、經濟掠奪，再加上連年災荒，使印度廣大人民陷入赤貧化，據英國官方資料公佈，僅十九世紀最後二十五年間，因飢荒餓死的印度人就超過一千五百萬。英國政府爲了本國的利益，對印度的貧困視而不見，甚至以犧牲印度利益來保全自己利益，這種態度加劇了印度各階層人民與英國統治者之間的民族矛盾，從而奠定了反英鬪爭的共同基礎。自十九世紀初期以來，印度各地動亂頻繁，如1816年的巴雷利起義；1831-1832年的科萊暴動；1831年的穆斯林運動和1847年的法里德普爾騷動；1849-1855年的莫普拉暴動等。1857年，在印度終於爆發了歷史上最大規模的民族大起義，時間持續了三年，範圍擴大到全印三分之二的地區。但是在英國人的武裝鎭壓下，起義最終失敗了。這次起義波及面廣，影響深遠，

「它在某些區域內帶有一種民眾起義的性質，在幾個月中構成了對英帝國的威脅，特別是在比哈爾、奧德和羅希爾坎德。事實上，在這些地區它逐漸發展爲『總起義』，『各種類型和階級的平民』中由於不同原因而心懷不滿的許

多派別參加了起義，這是『第一次強烈的和直接的對英國在印度的統治規模巨大的挑戰❶』。」

後來的印度歷史學家曾經這樣評價這次起義，以後的歷史發展也確實證明了1857-1859年的大起義有力地推動了印度各階層要求改變殖民地印度現狀的強烈願望。

在大起義被鎮壓之後，英國政府不得不重新考慮對印政策，1858年8月2日通過「印度政府改進法案」，該法案規定印度將以英王的名義由一個主要的國務大臣去治理，並由一個十五人組成的參事會予以協助。同時在11月1日正式頒發女王詔書，宣佈英國國王承擔印度政府的統治權，也就是說，從此之後印度直接由英王管轄。同時決定徹底改組軍隊，經過大起義後，英國人總結出改組軍隊的兩大原則：一是在這個國家維持一支不可抵抗的英國軍隊的兵力，將原有軍隊中歐洲人的成份加強了，並專門擔任若干重要職務，歐洲士兵人數也逐漸增多；二是大炮必須掌握在歐洲人手中。這說明無論在政治上還是在軍事上英國對印度的控制更加嚴格了。但是對土邦王公和貴族卻採取了收買政策，提出「應尊重本地王公的權利、尊嚴和榮譽，並適當尊重印度傳統的權利、慣例及風俗；放棄一切通過強佔他人領土的辦法，擴大英國在印領屬的企圖」等等。由此把印度上層人物培植為殖民統治的社會支柱。

當1861年泰戈爾誕生時，正是印度民族大起義後的第五年，也是印度由英國女王直接統治的第四年。一方面是殖民主義者的

---

❶ R.C. 馬宗達等：《高級印度史》（下），頁843，1986年，商務印書館。

貪婪掠奪，殘酷壓搾，無情的欺凌和侮辱；另一方面是廣大印度人民的極端貧困、悲慘的死亡，憤怒的鬪爭和反抗。這種鮮明對立的畫面，從小就給了泰戈爾深刻的印象，無數事實使他親身體驗到遭受帝國主義殖民壓迫的痛苦，這些民族矛盾的烙印，正是泰戈爾後來一系列作品中反帝思想的基石。

繼西方政治、經濟和軍事勢力的侵入，形形色色的西方思想也逐漸向印度滲透。最初是通過英語教育，英國的傳教士在孟加拉和馬德拉斯首先辦起了英語學校，用以傳授《聖經》知識；後來英國政府要求東印度公司「為傳入有用的知識和宗教及道德的改進而採取措施」，並具體提出每年應撥出不少於10萬盧比的款項，用於文學的復興和在居民中介紹及提倡科學知識。1823年，英國政府還指派了一個公共教育委員會，1835年 3 月 7 日參事會又作出決定，「所有的公費全部用於英語教育」。於是英國文學、基督教聖經、自然科學和十九世紀西方自由主義和人道主義思想，以及西方的倫理道德、社會風俗一古腦地被介紹到印度。而在印度國內能夠接受英語教育的階層，最初只限於少數上層知識份子，因此，新的覺醒也從他們開始。過去這些知識份子一直陶醉於印度傳統文化，舊的大學和宗教學院只把文法學、古典文學、因明學、哲學、法律學和宗教經典列為學習課程，文字也只限於古典梵文、阿拉伯文和波斯文。現在英語教育給他們打開了眼界，使他們從沉睡中驚醒，開始反思過去，展望未來。於是理智和判斷代替了盲目的信仰；科學降服了迷信；進步代替了停滯；對公認的社會惡習經過長期的麻木和冷漠，終於激起改革的熱忱。各種社會和宗教改革團體自十九世紀二十年代至二十世紀初期，像雨後春筍一般，紛紛建立起來，它們是：1828年由羅姆・摩罕・羅易（Ram Mohan Ray, 1772-1833年）創立的「梵社」，後來分裂爲「印度梵社」和「原始梵社」；1867年由蓋沙布・錢德拉・森（Keshab Chandra Sen, 1838-1884年）將「印度梵社」改爲「祈禱社」；1875年由達耶難陀・娑羅室伐底（Dayānanda Sarasvati, 1824-1883年）創建的「雅利安社」（卽聖社）；1897年由辨喜（Svāmi Vivekānanda, 1863-1902年）創立的「羅摩克里希那傳道會」；1875年由布拉瓦茨基夫人和奥爾科特上校在美國創建的「神智學社」，於1879年他們來到印度，並於1886年在印度設立總部；1885年，對現代印度政治、經濟生活影響最大的政黨「國民大會黨」宣告成立。

以上這些組織的共同目標是針對印度當時落後的現狀提出改革方案，改革的重點是：（1）在政治上：實現自治或獨立；（2）在經濟上：振興民族工業，自給自足，抵制英貨；（3）在社會習俗上：禁止童婚、一夫多妻、寡婦自焚，提倡寡婦再嫁，要求消除種姓隔離；（4）在宗教生活上：反對偶像崇拜、繁瑣祭儀和教派相爭。儘管從事社會和宗教改革是大家共同的要求，但是在改革進程中由於思想分歧逐漸形成兩種對立的思潮，一種稱爲西方主義或自由主義；另一種稱爲東方主義或傳統主義。

代表西方主義或自由主義思潮的人，具有從事社會改革的極高熱情，他們對於國內的一切陳規陋習均給予猛烈的抨擊，認爲只有依靠西方文明才能改造印度社會。這種思潮最初以羅姆・摩罕・羅易所建立的「梵社」爲代表，當時對促進社會和宗教改革確實起了積極進步的作用。1833年羅易逝世後，泰戈爾的父親戴賓德拉納特・泰戈爾（Debendranath Tagore，1817-1905年）繼任「梵社」領導，並在1839年建立一個文化組織，名爲「認識眞理協會」，創辦了《眞理嚮導報》，公開提出《吠陀經》是一種聖經，是宗教信仰的唯一基礎。不久這種主張和青年派的主張發生分歧，以蓋沙布·錢德拉·森爲代表的青年派要求將改革進一步擴大和深入，他們公開祝賀不同種姓間的通婚，禁止佩戴聖帶的婆羅門上講壇說教，這一切做法都違背了印度教的成規，遭到老一輩改革者的反對，因此青年派脫離「梵社」，另立「印度梵社」，原有的「梵社」改稱「原始梵社」。

「印度梵社」綜合印度教、基督教、錫克教的教義，創立了一套混合的教規，宣稱「爲上帝服務就是爲人類服務」，他們在從事改革的過程中過分地崇拜西方文明而蔑視印度傳統，在1870年以後，政治上走向極端親英政策，提出「印度殖民制度起源於神」，主張印度只能在英國統治下爭取某些權利。對於本國的文化傳統則採取一概否定的態度，某些成員甚至在英國人面前搖尾乞憐，成爲殖民統治的吹鼓手。

與此相反，代表東方主義或傳統主義思潮的人，具有強烈的愛國感，他們堅決反對崇拜西方文明，主張發展民族文化，加強民族自豪感和自信心。在政治上則要求擺脫殖民統治，建立獨立自主的聯邦共和國。如達耶難陀·娑羅室伐底就提出要「回到吠陀去」，他認爲近代產生的任何科學理論或原則，都可以證明是出自《吠陀經》；「羅摩克里希那傳道會」同樣信奉純粹的吠檀多教義爲宗教改革的最高理想。由於他們過分強調本民族的優越性，而走向另一極端，認爲印度一切傳統都是好的，甚至走向復古主義。對於改革則主張慢慢來。這樣便助長了封建主義的一切陳規陋習得以延續。這種思潮最具代表性的是孟加拉語文學家班吉姆·錢德拉·查特吉（Bankim Chandra Chatterjje, 1838-1894

年），他強烈反對英國的殖民統治，提倡復古思想，反對寡婦再嫁。後來提拉克（B. G. Tilak, 1856-1920年）更明確地提出自治「主要之點乃是要在我們手裏握有全部的控制權，我要有我屋子的鑰匙，而不僅僅是要把一個陌生人攆出去。自治是我們的目標，我們要求完全控制我們的管理機器❷。」他認爲實現自治是印度人民的天賦權利。對於社會改革則抱著消極態度，認爲那是獨立之後的事。

對於當時存在於孟加拉的上述兩種思潮，薩爾卡爾認爲，嚴格說起來並不是屬於這一部分人或那一部分人可以截然分開，而是在每個人的頭腦中，在不同的時期都有鬪爭。兩種思潮本身對整個運動來說也都起著互相補充與互相推動的作用❸。薩爾卡爾在改革的溫和派和激進派之間看到了他們的共性和相互聯繫以及左右搖擺的特點。但是卻沒有看到他們在政治主張上存在著質的不同。西方主義者希望得到在殖民統治下的民主；而東方主義者卻幻想得到封建統治下的獨立。兩種思潮的根本問題在於割裂了反帝、反封建的雙重任務，各自片面地強調某一個方面而忽略了另一個方面。泰戈爾正是同時受到這兩種思潮的影響，當他面向國內問題時，常常會在思想上產生矛盾，這也正是泰戈爾哲學和社會思想中「自相矛盾」的社會根源。

總之，泰戈爾所處的時代是印度歷史上極爲動盪不安的年代，他親身經歷著帝國主義的侵略和掠奪，封建制度的束縛和摧殘。幾千年遺留下來的傳統觀念和清規戒律時刻騷擾著他的身

---

❷ 黃心川：《印度近現代哲學》，頁112，1989年，商務印書館。

❸ 參見 S. 薩爾卡爾：《孟加拉文藝復興和其他論文》，頁151-153，1970年新德里，英文版。

心。社會上的種姓對立，宗教與民族間的隔閡，婦女地位的卑賤，廣大城鄉居民的赤貧。無數複雜的問題和惡劣的環境，在泰戈爾的思想上刻下了難以磨滅的時代烙印，塑造出一代詩哲的特殊性格和氣質。因此我們在探索詩人的偉大靈魂時，萬萬不能脫離他的時代去了解他，他正是在印度這個特定歷史條件下產生出來的特定人物。

第二章　絢麗多彩的著作生涯

1861年5月7日泰戈爾誕生在孟加拉邦加爾各答市一個地主兼商人的家庭中。祖父德瓦爾迦納特・泰戈爾（Dwarkanath Tagore, 1794-1846年）是當地有名的企業家和社會改革家，他除領有大片莊園外，還經營藍靛、糖、茶、煤和硝石等礦業，並擁有定期開往英國的船隊，曾建立第一家用印度資金周轉的現代銀行。他熱中於社交活動，願意爲公共事業慷慨解囊，對於教育和文化事業尤其感興趣，曾爲創立加爾各答國立圖書館、加爾各答大學和第一醫學院及附屬醫院籌資出力，並積極資助「孟加拉亞洲學會」興辦各種文學、藝術、考古和自然科學研究活動及出版事業。同時，他也是印度近代啟蒙運動領袖羅姆・摩罕・羅易進行社會宗教改革活動的積極支持者。曾兩次訪問歐洲，1846年8月1日在倫敦去世。

泰戈爾的父親戴賓德拉納特・泰戈爾是其祖父的長子，早年過著豪華的生活，但對社交活動不感興趣，喜歡平靜的沉思。一生大部分時間都用於哲學和宗教文獻的研究，積極致力於宗教改革活動。1839年，他創立「通梵協會」，不久改名爲「知梵協會」，其宗旨是崇拜無形的、獨一無二的理性精神——梵，用以抵制印度教的偶像崇拜和迷信活動。1843年「知梵協會」和羅易創辦的「梵社」合併，仍稱「梵社」，戴賓德拉納特爲該社創辦了《哲學雜誌》，並爲宣傳「梵社」的宗旨建立了一所學校，成爲繼羅易之後的「梵社」領導人，開展了一系列社會改革活動。戴賓德拉納特不但是一位宗教改革家，而且善於經營管理，他父親去世後曾留下大筆債務和承諾，當時他只有28歲，卻承擔了全部責任，經過幾年苦心經營，不但還淸了債務和利息，還實現了他父親生前對慈善基金會捐款10萬盧比的願望。戴賓德拉納特一生愛好旅行，曾不畏艱險多次去喜瑪拉雅山接受大自然的洗禮，在羣山環抱中，他感到無限快慰，一度曾想隱遁山林，遠離人世。當他看到溪流環山而下，滋潤著廣濶大地，使人們得以生養時，他感受到生命的啟迪，認識到人生的意義在於爲現實的人類服務。於是他從逃避現實者轉變爲積極進取的現實主義者。他對泰戈爾的影響很大，有人曾概括寫道：

> 「在他身上有三種不同的氣質：即，濃厚的宗教直覺；美學的敏感；對於實際事物正確的判斷能力。這三種氣質給詩人泰戈爾以深刻的影響：宗教直覺影響到泰戈爾的唯心主義哲學和神秘主義的感受；美學的敏感使泰戈爾對大自然產生了愛，從而創作出優美的詩篇；第三種氣質培養了泰戈爾高度的組織能力和有效的管理方法，從而能夠爲『梵社』工作多年並能兼營祖傳的田產[11]。」

泰戈爾的父親雖然熱愛傳統的印度文化，但是他對孩子們卻注意進行現代化教育，希望他們能夠自由地發揮不同的天才。在

---

[11] V. S. 納羅婆尼：《泰戈爾導論》，頁11-12，1977年，馬德拉斯，英文版。

泰戈爾的家裏，從前由於祖父慷慨大度，喜歡結交社會名流，因此常常舉行各種集會。祖父去世後儘管父親不喜歡社交活動，而這種傳統還是保持下來，家裏經常舉行音樂會、詩歌朗誦會、演出戲劇，自由地討論宗教和哲學問題。許多著名的詩人、藝術家、音樂家和學者都曾訪問過這個家庭。

泰戈爾的父母共有十五個子女，泰戈爾是最小的兒子（因小弟不滿一歲夭折）。大哥德維金德拉納特・泰戈爾（Dwijendranath Tagore, 1840-1926）非常聰慧，是一位詩人、音樂家、哲學家和數學家，著有長詩〈夢游〉；二哥薩哆耶德拉納特・泰戈爾（Satyendranath Tagore, 1842-1923）是英國殖民政府中的第一位印度文職官員，他懂得多種語言，翻譯了大量的梵文和孟加拉文的名著，如《薄伽梵歌》和迦梨陀娑的《云使》。泰戈爾青少年時代經常和二哥在一起；五哥殊底林德拉納特・泰戈爾（Jyotirindranath Tagore, 1849-1925）是一位音樂家、戲劇家、詩人和新聞工作者，他懷有強烈的愛國熱情，極力反對英國利益的代表人物；泰戈爾的姐姐斯瓦爾娜庫瑪莉（Svarnakumari, 1856-1932）是第一位用孟加拉文寫小說的婦女，並富有較高的音樂才能；和泰戈爾年齡相近的兩個侄子迦迦林德拉納特（Gaganendranath, 1867-1938）和阿巴尼德拉納特（Abanindranath, 1871-1951）都是美術家。泰戈爾就是生活在這樣一個充滿自由、民主、愛好文學、藝術、又與印度古老的文化傳統、宗教信仰有著密切聯繫的家庭裏。

泰戈爾雖是最小的兒子，是全家的寵兒，但他並沒有被嬌慣。堅強能幹的母親薩蘿達・戴維（Sarada Devi, ?-1875）由於子女眾多，沒有時間和精力照顧小兒子，泰戈爾從小是在保母、僕人和哥哥姐姐的照料下長大的。當他開始讀書時，家裏請來家庭教師教他，稍大一點就進入普通學校，先後學過算術、代數、幾何、自然科學、因明學、梵文文法、梵語文學和英文，共受過八年正規教育，其餘大部分時間用來自學。1874年，他在大哥創辦的《哲學教育》雜誌上，發表了他的第一首長詩〈心願〉，表達了他對當時教育制度的不滿，希望擺脫像雷雨般傾瀉在學生身上的大批作業。1875年，年僅十四歲的泰戈爾在每年一度的印度教徒集會上，朗誦了自己創作的愛國詩歌〈獻給印度教徒廟會〉，這首詩後來載入《甘露市場報》。1878年，他遵照父親的旨意赴英國學習法律，但他對法律不感興趣，不久就轉入倫敦大學，學習英國文學和西方音樂，但也只學習了三個月，便進入「社會」大學，廣泛接觸羣眾，了解社會實情。他曾去英國國會議院聽取關於愛爾蘭自治問題的辯論；曾仔細觀察英國社會各階層人民的生活情況、社會工作、文化教養、衛生習慣、宗教信仰等等。並以信札形式記錄下來。1880年2月，他隨兄嫂一同回國，從此結束了學生生活，開始從事文學創作活動。

自1881年至1885年，泰戈爾共出版了三部詩集：《暮歌》、《晨歌》、《畫與歌》；六部戲劇：《瓦爾米基的天才》、《破碎的心》、《魯達爾昌德》、《死神的狩獵》、《大自然的報復》、《納利尼》；一部長篇小說：《王后的市場》；一部論文集：《批評》，以及雜文和歌曲等。這些都屬於早期作品，據他自己說，當時「夢幻多於現實，而且許多作品內容取材於印度古代兩大史詩（《摩訶婆羅多》、《羅摩衍那》）和往世書。泰戈爾在這些作品中除抒發感情外，也發表了他的哲學觀、道德觀和人生觀。例如在《晨歌》中，有兩首詩名爲〈永恆的生命〉和〈永恆的死亡〉，他闡明生與死是一種不斷運動與不斷更新的過程。他認為「死之流泉，使生的止水跳躍」，世界不會流失，因為死亡並不是一個罅隙。死亡可以使生命再現。又如在〈大自然的報復〉，（即〈修道者〉）中，泰戈爾表達了反對消極遁世，要求積極進取的人生觀。

1883年，泰戈爾與比他小十二歲的薄瓦達莉妮（Bhavatarini，後改名瑪麗娜里妮，Marinalini, ?-1902）結婚。1884年擔任「梵社」秘書，此後，他多次離開加爾各答去外地旅行。在這段時間裏，從1886年至1889年，他出版了詩集《剛與柔》，長篇小說《賢哲王》，劇本《國王和王后》以及論文集、信簡等。

十九世紀九十年代，泰戈爾第二次赴歐洲旅行，回來後出版了《旅歐日記》，並於1890年發表詩歌《心靈集》，1894年出版《金帆船》，1896年又發表《繽紛集》和《收穫集》，1900年出版了《夢幻集》和《剎那集》。在這期間還著有詩劇《犧牲》、《齊德拉》、《告別時的詛咒》以及六十多篇短篇小說。這些小說取材於孟加拉農村，當時泰戈爾正奉父親之命去農村管理祖傳的田產，他常常住宿在帕德瑪河上漂泊的船艙裏，使他能够：

「熟悉普通人民的實際生活，熟悉他們艱辛的日常勞動，熟悉了他們同大自然的險惡環境、頑固不化的保守社會和外國政治統治的不斷鬪爭。這些直接知識使他看清了勞苦大眾的生活，使他瞭解了包圍他們生活的社會環境和經濟條件。這對於他這位天才來說，無疑是一筆十分寶貴的財富，它對於他成為短篇小說家，對於他對自己國家、社會和經濟弊病的深刻分析，提供了眞正的基礎❷。」

泰戈爾在短篇小說中，以文學形式揭露和譴責一切封建主義的陳規陋習和殖民主義的剝削、掠奪和壓迫，同時又以滿腔熱情歌誦覺醒了的人民和勇敢的女性。克里希那·克里巴拉尼❸曾這樣評論道:

「它們反映了孟加拉生活的各個方面，描繪了不同階級、不同階層的不同類型的人物」

「他所描繪的印度是現實的印度，是那些世世代代紮根在自己土地上的印度人的印度，是過渡時代的印度。……這些人物……是眞實的、活生生的、有些則是令人難以忘懷的❹」。

這裏有對封建惡習的反抗，如〈摩訶摩耶〉、〈是活著，還是死了?〉，均譴責了寡婦殉葬制；〈棄絕〉表達了泰戈爾要求種姓平等的思想；〈河邊的臺階〉是對童婚制的揭露。也有對殖民主義罪惡的控訴，如〈太陽和烏雲〉控訴了外國輪船經理對印度漁民的侮辱。這裏還有對洋奴思想的諷刺與挖苦，如〈加冕〉。泰戈爾的短篇小說是他反對殖民壓迫、反對傳統落後思想的集中表

---

❷ K. 克里巴拉尼:《泰戈爾傳》，頁165-166，1984年，灕江出版社。
❸ 克里希那·克里巴拉尼（Krishna Kripalani，1907-）是印度著名的文藝評論家，泰戈爾的孫女婿，1933-1941年在聖蒂尼克坦與泰戈爾生活在一起。曾擔任《國際大學季刊》編輯和印度文學院領導。主要著作有《泰戈爾傳》、《現代大我——甘地》、《近代印度：從羅易到泰戈爾》、《現代印度文學》等。
❹ 參見《泰戈爾傳》，頁183，中文版（倪培耕譯）。

現，這些作品喚醒了印度人民的覺悟，在推動印度民族獨立運動的進程中起了巨大的思想影響。

1901年，泰戈爾在聖蒂尼克坦創辦了一所小學，它成爲後來國際大學的基礎。1902年，同他生活了二十年的妻子不幸因病去世，他寫了二十七首詩〈追憶〉來悼念親密的伴侶。

二十世紀初期，英國對印度的殖民掠奪加劇，英印民族矛盾激化。英國統治者在經濟上大量掠奪印度的原料和糧食，英國在印度的投資也大量增加。到1907年，英國在印度的銀行資本比十九世紀末增加近一倍，從印度輸出到英國的小麥增加 176 %，棉花增加43%。英國資本爲了窒息剛剛發展起來的印度本土工業，採取了各種措施：通過改革貨幣使盧比貶值；重建吉大港，直接控制印度貨物的出口，削弱加爾各答市的經濟地位，因爲在這裏印度人經營的工商業較集中。英國殖民政府爲了侵略中國的西藏地區，加速開發印度的西北部，把擴大軍費開支的四分之三強加在印度人身上，廣大的印度民眾更加貧困破產。

在政治上，英國殖民統治者採取高壓和懷柔相結合的政策，一面強迫解散加爾各答自治政府；一面用分而治之的手段，把孟加拉邦劃分爲東西兩部分。東孟加拉人大多爲伊斯蘭教徒，少數上層份子如地主、商人、放高利貸者則爲印度教徒；而在西孟加拉，大多數老百姓是印度教徒，少數上層份子爲伊斯蘭教徒。英國正是利用這種複雜的社會關係和宗教與民族之間的隔閡，挑起印度的民族矛盾和宗教糾紛，從而達到分化瓦解印度民族獨立運動的目的。但是印度人民在經歷了一系列鬪爭之後，提高了覺悟，他們識破了英國的陰謀，1905年，孟加拉爆發反英運動，人們起來罷工罷市，宣佈絕食，抵制英貨，提出「自治」、「自產」

的口號。傑出的國大黨極端派領袖提拉克還提出在印度要建立一個聯邦共和國，從而打擊了英國駐印度總督寇松的計畫。

當時泰戈爾也積極投入反分裂活動，「他的政治社會思想如此佔據著突出的地位，尤其是在自治運動時期，泰戈爾的論文和演講迷住了很多人的頭腦❺。」他發表熱情洋溢的演說，抨擊英國政府對印度權力的無視和侵犯；創作愛國歌曲，鼓舞印度人民的鬪志和信念。從這一時期他寫的一些歌詞中我們看到了泰戈爾當時的愛國熱情❻：

「哦！上帝，願我祖國的山山水水，
空氣和果實都變得甜蜜。
哦！上帝，願我故土的屋宇和市場，
森林和田野都變得豐富。
哦！上帝，願我人民的希望和誓言，
事業和諾言都付諸實現。
哦！上帝，願我民族的兒女們，
生命和心靈都融爲一體！」

在1905年泰戈爾還參加了規模巨大的遊行示威。同年年底，當運動發展到高潮時，代表印度上層守舊人士利益的國民大會黨溫和派向英國殖民政府表示妥協，反英運動出現分歧。1906年在英國策劃下分別成立了「伊斯蘭教聯盟」和「印度教大會」，從而掀

❺ S. 薩爾卡爾：《孟加拉文藝復興和其他論文》，頁139-140，1970年，新德里，英文版。
❻ K. 克里巴拉尼：《泰戈爾傳》，頁243，1984年，灕江出版社。

起宗教糾紛。在這種情況下，泰戈爾退出運動，仍然回到農村，繼續從事著作、教育改革和農業改革活動。

自1901年至1906年，泰戈爾共出版兩部長篇小說：《小沙子》和《沉船》，兩部詩集《祭品》（一譯《奉獻》）和《渡》，兩部論文集《自信力》和《印度》，以及歌曲《吶喊集》。

1907年至1909年出版了十部論文集，其中大部分是關於文學的，也有關於宗教、自治、社會和教育的。在這期間他還在雜誌上連續發表了長篇小說《戈拉》，1910年印成單行本。這部小說反映了十九世紀末二十世紀初，印度社會政治思想鬪爭的概況，具體描寫了存在於孟加拉社會中的兩種思潮的衝突和各類人物錯綜複雜的關係：在自由主義者中有眞正的思想家和改革家；也有打著改革的幌子極力倣效外國向英國統治者搖尾乞憐的洋奴。在傳統主義者中有眞正的愛國主義者；也有以愛國爲幌子竭力主張復古主義，企圖維護一切舊的社會習俗和封建迷信的人。泰戈爾詳盡分析並生動地刻劃了各種不同人物性格和思想感情，其中也反映出作者本人的立場與觀點，他痛恨崇洋媚外的哈巴狗，將小說中的一個人物哈倫描寫得一文不值，竟在英國縣長面前無恥地說：「英國在印度的統治是神意的安排❼。」他歌頌青年戈拉具有強烈的愛國熱情和對祖國解放的堅定信念，戈拉說：「我的祖國不管受到什麼創傷，不論傷得多麼厲害，都有治療的辦法——而且治療的辦法就操在我自己手裏❽。」《戈拉》這部小說在印度近現代文學史中占有重要地位，有人稱之爲印度的《戰爭與和平》。

泰戈爾是一位偉大的愛國主義者，他雖然退出了自治運動羣

---

❼ 泰戈爾：《戈拉》，頁170，1959年，人民文學出版社。
❽ 泰戈爾：《戈拉》，頁96，1959年，人民文學出版社。

眾鬪爭的場合，但是他立即轉入到文學鬪爭的戰場中去，用犀利的筆鋒，通過許多文學作品繼續展開反對外國奴役壓迫和本國封建落後習俗的鬪爭，然而當時不少人卻批評、指責他，對他退出運動，回到農村，很不理解。泰戈爾默默地工作著、期待著，面對人們的冷落毫無怨言。他說：

「也許你所愛的人們會拋棄你，
但不要介意，我的心呵。
也許你希望的蔓藤會折斷落在土裏，
它的果實都無用了，——
但是不要介意，我的心呵。
也許在你到門以前黑夜會趕上你，
你想點燈的嘗試都落了空。
當你的琴兒彈出音調，山鳥野獸都成羣地圍繞住你。
也許你的弟兄們還是不受感動，但是不要介意，
我的心呵。
墻壁是石頭砌的，門也閂上了。也許你敲了又敲，
可是它不開啟，——
但是不要介意，我的心呵[9]！」

1910年泰戈爾發表了《吉檀迦利》獻詩，在這部詩集中反映出泰戈爾的宗教觀和世界觀，「他的宗教觀點像偉大的修道士和神秘主義者一樣，產生於痛苦和孤寂的深刻感受中[10]。」當時他

---

[9] 《泰戈爾選集·詩集》，頁55，1958年，人民文學出版社。
[10] K. 克里巴拉尼：《泰戈爾傳》，頁264。

所感受的痛苦和孤寂，一方面來自家庭的不幸；另一方面由於社會活動的挫折。在家庭生活方面，1902年，他的妻子去世，1903年，二女兒病故，1905年，父親去世，1907年，小兒子因霍亂夭折，五年中先後失去四位親人。當時他的大女兒和小女兒都已出嫁，剩下唯一的大兒子又在美國學習農業，泰戈爾隻身一人住在鄉下，倍感淒涼孤寂。在社會活動方面，1905年後期退出自治運動，得不到同胞們的諒解，受到多方面的責難，使他更感到孤獨和壓抑。在這種心情下，他爲了尋求自我解脫，只好祈求虛幻的神靈慰藉，以期獲得心靈上的自由與平靜。S. Z. 聖笈多曾評論道：

> 「這種對神之偉大的信仰，使詩人克服了個人的悲哀。因爲他知道儘管在他有限的世界中容納不了他的愛人，但在神的無限巨大的宮殿中卻有著足夠的空間，在那兒生命是永恆的，什麼也不會消亡。正是以這種方式，個體的東西被變成了宇宙的東西，而悲哀則變成了寧靜⑪。」

同期，他還發表了劇本《暗室之王》。1912年，泰戈爾親自將《吉檀迦利》的部分詩篇譯成英文，同年五月去倫敦訪問，會見了當時英國著名的詩人葉芝等人。十月出訪美國，在美國各地發表了一系列的演說，1913年，以《人生的親證》爲題⑫，匯編成單

---

⑪ S. Z. 聖笈多：《泰戈爾評傳》，頁123，1984年，湖南人民出版社。

⑫ 《人生的親證》梵文原名是 Sādhanā，意爲將人生引導到正確的道路。英文譯爲 The Realisation of life。中文譯本有多種譯法，如《生命的親證》、《人生之實現》、《生之實現》等，筆者譯爲《人生的親證》。

行本出版。這是泰戈爾闡明自己的世界觀、人生觀和道德觀的重要著作，書中敍述了人和宇宙的關係；如何去證悟最高的靈魂；關於罪惡和自我的問題；和諧與統一的原則；抽象的和普遍的仁愛；以及積極進取的行動哲學。同年，他的《吉檀迦利》獲諾貝爾文學獎，爲此，加爾各答大學授予他名譽文學博士學位，同時，英國政府封他爲爵士。

1914年，第一次世界大戰爆發，泰戈爾表示堅決反對戰爭。翌年，他首次會晤聖雄甘地。

1916年，泰戈爾發表了兩部長篇小說：《家庭和世界》、《四個人》，一部劇本：《春之循環》，以及詩歌、論文和短篇小說數篇。同年五月訪問日本，九月再次訪美。在美國和日本訪問期間曾多次演講，後以《民族主義》爲題出版單行本。書中對於西方、日本和印度的民族主義作了分析、比較和批判，表達了他崇尚東方精神文明和西方物質文明的一貫立場，主張東西方之間應該互相補充和融合。對於民族主義，尤其是西方的民族沙文主義給人類帶來的災難，進行了揭露和譴責。他指出民族主義的核心思想是捕食弱小民族以養肥自己。書中對於帝國主義侵略、掠奪和壓迫印度、中國以及其他殖民地國家人民的罪行表示了強烈的憤怒，並對東方各民族的覺醒充滿了堅定的信念，表現出愛憎分明的立場。

1919年4月13日，旁遮普邦發生震驚世界的「阿姆利則慘案」，根據英國官方顯然縮小了的報告，有379人被殺，1,200人受傷。這一事件引起印度全民憤慨，泰戈爾堅決維護祖國的利益，毫不遲疑地向英國政府提出強烈抗議。5月19日深夜，他寫信給印度總督切姆斯福德（Lord-Chelmsford），聲明放棄爵士頭銜，在信中他義正詞嚴地指出：

「我能爲祖國所盡的微薄力量，就是爲被恐怖折磨得無言和麻木的千百萬同胞以抗議的聲音，我願爲此承擔一切後果。現在，這個時刻來到了，在這蒙受侮辱的不和諧的事件裏，榮譽的獎賞更烘托出我們的羞恥。我願意免除一切特殊的榮譽和我的同胞們站在一起，他們由於自身所謂低賤的原因被迫忍受人格的侮辱⑬。」

這封信大大激發了印度人民的民族自尊心，詩人在自己同胞慘遭殺害的時候，給了他們足够的勇氣和信心，因此他受到人們的尊敬。而在英國政府看來，這卻是大逆不道的行爲，英國官員認爲他傲慢地放棄英王陛下爲表彰其文學造詣所授予的榮譽，是沒有先例的荒謬之舉。

1920至1921年，泰戈爾又一次出訪英國、美國、法國和德國，並在美國發表了〈詩人的宗教〉。1921年7月回國後，在加爾各答的老家喬拉桑戈與甘地會晤。但在對英鬪爭的策略上，兩人意見分歧。泰戈爾對於燒毀英貨，提倡手工紡紗，持反對意見。他認爲不合作運動是民族自私和狹隘的表現，挽救不了印度的命運。主張不應對西方科學採取抵制態度，應該學習西方先進科學，用以醫治印度的貧困。但是泰戈爾爲了維護甘地的威望，不久就自動放棄了論爭。

1921年12月22日泰戈爾在聖蒂尼克坦原先所辦的學校基礎

---

⑬ K. 克里巴拉尼：《泰戈爾傳》，頁266，1962年，倫敦，英文版。

上，創辦了國際大學，他希望通過教育和道德修養以增進各民族之間的相互了解，加強各國文化交流，解決國與國、民族與民族之間的紛爭。他期待著在東方的地平線上終有一天會出現一個平等、博愛、自由、民主的「理想國」。同年，他還發表了《論人格》一書，不但進一步闡述了他的人生哲學，而且還概括了他的認識論，對於哲學基本範疇，如運動和靜止、有限與無限、時間和空間、感覺和理性、本質和現象都作了概括性的說明。這部著作還涉及到藝術、教育、文化合作與婦女問題。

1922年，泰戈爾發表了劇本《摩克多塔拉》、兒童詩集和論著《創造的統一》，這部著作收集了〈詩人的宗教〉、〈創造的理想〉、〈森林的宗教〉、〈東方與西方〉等共十篇論文。中心思想是闡明存在於萬事萬物中和諧統一的原理。人的理想是在創造中追求內外一致的「美」。

1924年，泰戈爾應邀於4月12日至5月30日來中國訪問。在華期間，他曾做過多次演說，回國後彙編爲《在中國的演講》一書。1925至1929年間，泰戈爾又先後訪問了南美洲、歐洲、北美和東南亞許多國家。在1926年，他在印度達卡大學發表了〈一個藝術家的宗教〉的演說。同年還出版劇本《紅夾竹桃》及詩集、遊記、長篇小說等多種著作。1930年5月，泰戈爾去英國訪問，在牛津大學發表〈人的宗教〉的演講。同年訪問蘇聯，著有《俄國書簡》，熱情地讚揚了當時的蘇聯社會。

1931年初泰戈爾回到印度，寫了四部劇本、三部詩集和一部中篇小說《兩姐妹》等。1933年在安得拉大學連續發表了〈人〉、〈超人〉和〈我是他〉的演講，闡述了抽象的人性和人道主義，想用「善良的人性」說服那些殖民主義者和戰爭販子，勸他們放棄不人道的行爲，以實現偉大的「超人」，從而達到世界大同的「美景」。由於爆發第二次世界大戰，打破了他的幻想，痛感人性的破滅和人道的喪失，重新拿起武器，創作大量詩篇，以銳利的筆鋒，無情地鞭撻了德、意、日法西斯屠殺人民的罪行。

1941年4月，泰戈爾臥病在床，寫了他的最後一篇論文〈文明的危機〉，在這篇著作中，他回顧了英國統治給印度人民所帶來的沉重災難，他也總結了自己一生對人道主義和西方文明由崇拜到失望，最後終於破滅的原因和歷程，他期待歷史將開始新的一章，曙光就要從地平線上，從太陽升起的東方展現。1941年8月7日，偉大的東方詩哲在加爾各答逝世，終年八十歲。

印度人民和全世界人民永遠懷念泰戈爾。他的逝世是印度也是全世界的巨大損失。泰戈爾一生不平凡的經歷，使他在全世界獲得崇高的聲望。許多著名的詩人、文學家、科學家都給予高度的讚揚。愛爾蘭著名詩人葉芝評論泰戈爾的詩顯示了他所「畢生夢寐以求的世界」，是「高度文明的產物」。印度民族解放運動的一些領導人都曾給予詩人極高的評價。聖雄甘地稱他是「時代最偉大的詩人」、「偉大的哨兵」；曾任印度總統的S.拉達克里希南認爲「他是現代印度復興最偉大的人物」；尼赫魯讚揚他是「世界上最傑出的人物」。今天，我們回顧泰戈爾的一生，探討詩人的靈魂——他的哲學和社會思想的精華，正是爲了進一步理解泰戈爾的詩歌和文學作品，繼承偉大的世界文學遺產，加深對印度文化的瞭解，促進中印兩大文明古國的友誼和合作。

第三章　源遠流長的哲學思想及其特點

泰戈爾在漫長的人生道路上，曾經遊歷過歐洲、亞洲和美洲，與當時世界上許多傑出的科學家、文學家、哲學家和社會活動家有過廣泛的接觸和交往；儘管他只受過八年正規教育，但是他曾閱讀過印度和西方古今多種學科豐富多采的文獻和書籍，具有淵博的學識和深刻的思想。他一生孜孜不倦地追求眞理，在他身上體現了印度和西方古今各種思想的融會貫通，他既是這些思想的綜合者又是分析者；既是繼承者又是批判者。和諧與統一，韻律與節拍，就是他全部思想的主流。正因如此，他的思想既深邃又複雜，並且充滿了矛盾。

泰戈爾的思想淵源主要來自三個方面：

首先，是古老的印度文化傳統的影響。V. S. 納羅婆尼寫道：

> 「在泰戈爾的家裏幾乎每天都要誦讀奧義書，羅賓德拉納特在童年就感到這些『靈魂的喜馬拉雅山』是如此的崇高，一生中都在吸引他。他的某些作品可以被認爲是起源於奧義書主題的注釋，他的許多詩篇都基於奧義書的寓言和對話❶。」

---

❶ V. S. 納羅婆尼：《泰戈爾導論》，頁30，1977年，馬德拉斯，英文版。

古印度的奥義書是從吠陀、梵書、森林書發展而來的，最古老的奥義書有十三種，大約形成於公元前八世紀至前六世紀，爲婆羅門教的經典。奥義書的中心思想是「梵我如一」，「這就是那」。「梵」指宇宙靈魂，也稱爲「大我」，它是一種抽象的精神實體，是一切事物存在的終極原因。「梵」本身不具有任何屬性和形式，既不能以概念來理解，也不能用言語來表達，它「不是這個，也不是那個」。例如《廣森林奥義書》將梵稱爲不變滅者，它非粗、非細、非短、非長；非赤、非潤；無影、無暗；無風、無空；無著；無味、無臭、無口、無量、無內、無外；彼了無所食，亦無食彼者❷。」認爲「梵」是天上、地下、空中，過去、現在、未來的主宰者。「我」指個體靈魂，也稱爲「小我」，是主觀精神。它「小於谷顆，小於麥粒，小於芥子，小於一黍，小於一黍中之實❸。」然而，奥義書認爲「小我」雖小，但在本質上和「大我」是一樣的，「這就是那」，它小於麥粒，又可「大於地，大於空，大於天，大於凡此一切世界❹。」這種「梵我如一」的思想，成爲正統的婆羅門教和印度教的主導思想，從古至今一直延續下來。在哲學史上以吠檀多派爲代表。儘管隨著社會歷史的發展，在吠檀多派內部分裂出多種不同的支派，但是它們的中心思想仍然是闡明梵與我及萬物的關係。泰戈爾的世界觀同樣受其影響，然而他心目中的「梵」卻是複雜的，它既不是純粹客觀存在的抽象精神，

---

❷ 徐梵澄譯：《五十奥義書》，頁 589-590，1984 年，中國社會科學出版社。

❸ 同上，頁139。

❹ 徐梵澄譯：《五十奥義書》，頁139。

也不是有形的偶像，而是有形與無形的結合，是詩人內心的某種感受。他對「梵」的理解正是具有詩人氣質的哲學家和一般純理論的哲學家之間的不同。

奧義書除了影響泰戈爾的世界觀之外，他還從中吸取了積極、樂觀、向上的思想。泰戈爾多次引用《伊莎奧義書》中的格言：你願活一百年，就必須活動。他說：「我們的先知告誡我們，爲了工作我們必須生活，爲了生活我們必須工作，生命和行動是不可分割地連結在一起的❺。」這種思想貫穿在他的很多作品中，它反映了印度資產階級在十九世紀末和二十世紀初積極要求發展經濟和參與政治的行動哲學。

除奧義書外，浩瀚的梵文古典文學、戲劇和寓言，也都是泰戈爾廣泛吸取營養的源泉。「他曾經在史詩和從馬鳴（Aśvaghoṣa）到勝天（Jayadeva）的全部古典梵文戲劇和詩歌方面受過系統的基本訓練❻。」特別是聞名於世的古印度兩大史詩對他影響極深。在《羅摩衍那》中，他接受了人格化的神，使神和人建立了一種親密的、融洽的關係；在《摩訶婆羅多》中，他接受了《薄伽梵歌》的思想，大神黑天以阿周那的馭者身份下降到人間，對不願出戰的阿周那進行哲學的說教，泰戈爾從中汲取了它的積極方面，以樂觀向上的精神面對人生，並且接受了神人合一的思想。他說：

「上帝喜歡在我身上看到的，
不是他的僕人；

❺ 泰戈爾：《人生的親證》，頁205，1921年，萊比錫，英文版。
❻ V.S. 納羅婆尼：《泰戈爾導論》頁33-34，1977年，馬德拉斯，英文版。

而是爲眾人服務的
上帝自己❼。」

在迦梨陀娑的戲劇中，泰戈爾吸取了人和大自然的密切關係，接受了眞、善、美融爲一體的思想。他認爲和諧與統一是「無限」的本質，美與眞正是體現在「一」中。在宇宙的統一性中包含著物與物、人與物、人與神的關係，這些關係的和諧則表現爲眞、善、美協調一致。

其次，是宗教信仰的影響。泰戈爾出身於正統的印度教家庭，除自幼誦讀吠陀、奧義書等聖典外，還受其家庭影響崇奉大神毘濕奴（Viṣṇu，又名遍入天，爲印度教的保護神）。他自己曾說過：「父親在與神的最密切的交往中活了很久❽。」這種交往是指宗教感情上的交流和寄託。泰戈爾從小生活在這種環境中，自然地被培養成爲一個有神論者。

在印度，絕大多數的居民不是信奉這一種宗教，就是信奉那一種宗教。其中信奉印度教的居民現在已佔全國人口的百分之八十三，隨著歷史的發展，由於各種原因，印度教內部發生了分歧，最初分裂爲三大教派，即毘濕奴派、濕婆派和性力派。後來各派內部又分裂，毘濕奴派分爲黑天派、羅摩派、扎格納特派，各派所信奉的主神均被認爲是毘濕奴的化身；濕婆派分裂爲流行在克什米爾地區的三相神濕婆和流行在南印度的濕婆悉檀多派等等；性力派也分爲左道和右道兩派。

泰戈爾家庭信奉的是毘濕奴教派。該派最早的創始人是吠檀

---

❼ 泰戈爾：《流螢集》，第141首。1983年，上海譯文出版社。
❽ 泰戈爾：《人生的親證》，頁7，版本同前。

多哲學差別不二論的代表羅摩奴闍(Rāmānuja, 1017-1127年)，他也是中世紀虔誠派運動的先驅之一。羅摩奴闍既是哲學家也是神學家；既是中世紀社會改革的領袖，也是宗教改革的首領。在哲學觀方面，羅摩奴闍認爲宇宙萬物的最高本體是「梵」，它是全智、全能，無瑕和無所不在的精神實體，「梵」以仁慈的化身毘濕奴大神的形像降臨人間，世界萬物和我都是由他創造出來。物、我和「梵」在本體上是同一的，與「梵」的關係是部分和全體，屬性與實體的關係。但是物、我在形式上和作用上又與「梵」是不同的，這種不同的表現爲:「梵」是作者，世界和我是受者；「梵」無差別，既非這個，也非那個，世界和我具有複雜的多樣性；「梵」不感受苦樂，我有苦樂之感等。羅摩奴闍反對印度教大師商羯羅（Śaṅkara, 約公元788-820年）的幻論，認爲不但「梵」或大神毘濕奴是眞實的存在，而且世界和我也是實在的，「梵」並非幻化爲世界，而是一種眞實的創造過程，因此羅摩奴闍的哲學被稱爲吠檀多差別不二論，即，梵與世界和我，他們在本質上相同（不二），在形式上不同（差別）。

在宗教觀方面，羅摩奴闍宣稱:「梵」的化身毘濕奴是大慈大悲、公正無私的神。人在神面前只能服從和虔誠信仰。無論是誰，不分種姓，不分等級，在神面前人人平等，只要虔誠崇拜毘濕奴，使自己的靈魂完全歸附於大神，就能擺脫現世苦難，獲得永生，上升到神人合一的境界。羅摩奴闍的這種思想反映了中世紀印度農民和手工業者反對封建壓迫，要求種姓平等的思想。繼羅摩奴闍之後，虔誠派運動的領袖還有吠檀多二元論的代表摩陀婆（Madhva, 1199-1278年），以及羅摩難陀（Rāmānanda, 1360-1450年）和著名的思想家、詩人迦比爾（Kabir, 1440-1518

年）等。

泰戈爾深受該教派思想的影響，他曾不止一次地熱情歌頌他們的英勇行爲和爲了追求眞理而甘願忍受屈辱的大無畏精神。1900年泰戈爾以〈不忠實的丈夫〉爲題，採用故事詩的形式，讚揚了織布工迦比爾；1934年他在安得拉大學的演講中再次頌揚了羅摩難陀和迦比爾的正義行動。泰戈爾被毘濕奴教派「神與人相結合」的思想所吸引，他說：「毘濕奴教派大膽地宣佈：神已經和人結合，在那裏人類的存在構成了最大的歡樂❾。」這種思想正是泰戈爾虔誠的宗教感情的基礎。然而，泰戈爾敬奉的神並不是有形的毘濕奴，因爲他堅決反對偶像崇拜，而是崇信具有人性的神，或者說是具有神性的人，在他看來，這種神人合一的境界才是人生旅途的終點。有時他把神稱爲無限，把人稱爲有限，他認爲無限只能在與有限的密切關係中才能被感知。泰戈爾說：「無限和有限是一體，正像歌和歌唱是一體，絕對的無限像缺乏一切確定音調因而沒有意義的音樂❿。」只有「在完整的內在的無限和外在的有限中統一時，我們才能在二重性的和諧中懂得眞理⓫。」那麼，神和人如何結合呢？在這個問題上泰戈爾同樣接受了毘濕奴教派的泛愛思想，認爲只有愛才具有統一的力量。他說：「只有在愛中存在的一切矛盾才能相互結合和消失，只有在愛中才有聯合，……愛必須在同一時間裏存在一和二⓬。」泰戈爾的宗教觀正是以這種無限虔誠的愛去追求神人合一的眞理，在他的詩集《吉檀迦利》中也處處體現了這種思想。

---

❾ 泰戈爾：《人生的親證》，頁190-191，版本同前。
❿ 泰戈爾：《論人格》，頁57，1921年，倫敦，英文版。
⓫ 泰戈爾：《人》，頁55，1965年，安得拉大學，英文版。
⓬ 泰戈爾：《人生的親證》，頁188-189。

泰戈爾出身於婆羅門種姓，是一位正統的印度教毘濕奴信徒。但是，他不只是一位狹隘的宗派主義者，對於印度教的弊病，如偶像崇拜、各種繁瑣的宗教禮儀、迷信活動與愚昧落後的習俗等，均採取堅決反對和抵制的態度。他認爲內心的虔誠要高於形式的表面的禮儀；精神的奉獻要高於物質的祭品，一切宗教的清規戒律只不過是教派的偏見。因此，他以祖國的名譽號召一切宗教聯合起來，共同編織愛的花環，建設一個美好的、勝利前進的印度。正因爲泰戈爾看到在其他宗教中也同樣具有博愛、勸善、追求眞理等美好的思想，所以他能够不受本教派的局限，堅決反對各教派之間的隔閡與紛爭。

他從佛教的經典中吸取了很多故事和寓言作爲自已文學作品的素材，如故事詩〈無上布施〉、〈供養女〉、〈價格的添增〉，均取材於撰集百緣經；〈比丘尼〉出自〈如意樹譬喻鬘論〉。他說:「對於我來說，奧義書的詩句和佛陀的教導已經永遠成爲靈魂的東西，因此，它在我的成長過程中賦予了無限的生命力，我曾經將它們運用於我自己的生活和我的說教中⑬……。」在泰戈爾的多次演講中經常引用佛陀關於仁愛、布施、忍讓、精進等有關「六度」的教導和大乘佛教關於中庸與普渡眾生的思想。

泰戈爾還十分尊崇錫克教，對錫克教創始人納那克(Nānak, 1469-1538年)能够融合印度教和伊斯蘭教教義，反對偶像崇拜、繁瑣祭儀、苦行和消極遁世，認爲世上任何現象都是神力的最高表現，主張人在神面前是平等的，種姓分立和歧視婦女都是違背神意的種種傑出的思想更是倍加讚揚，並且寫了很多詩篇歌頌反

⑬ 泰戈爾:《人生的親證》，頁9。

封建鬪爭的錫克教的勇士們，如〈被俘的英雄〉（1900年）讚揚錫克教導師般達爲反抗外族入侵而英勇就義的大無畏精神；長詩〈戈賓德・辛格〉，描寫了該教第十代祖師和莫臥兒王朝進行頑強鬪爭的民族氣節以及失敗後毫不灰心，準備繼續鬪爭的堅韌不拔的精神。

此外，伊斯蘭教蘇非派的神秘主義思想也曾引起泰戈爾的共鳴。

第三，是西方資產階級思想對泰戈爾的影響。泰戈爾是一位偉大的愛國主義者，他對於印度和東方的文化傳統與精神文明具有一種特別深厚的感情，因此，他在接受某些西方思想時，往往塗上一層東方的色彩，想用東方來融合西方，或者將西方思想納入東方的軌道。

例如，在宗教信仰方面，他把西方資產階級的博愛思想說成是與印度古代奧義書的思想相一致。他列舉奧義書的格言和基督教的訓條相比較：奧義書曾說過：「個人的靈魂與最高的靈魂相結合則無所不在⑭。」耶穌基督曾說過：「我是他」——「我和我的聖父是一體⑮。」泰戈爾認爲在基督教和印度教之間沒有根本的衝突，印度教崇信「神人合一」論，或「梵我如一」論；基督教提倡「我是他」，兩者同樣建立在「愛」的基礎上，以愛來連結天堂和人間、理想和現實、無限和有限。

又如，在道德觀方面，泰戈爾接受了西方的人道主義思想，他認爲這種思想正是人超越動物的表現，動物受本能的驅使必然會殺死自己的敵人，而人能够發出奇怪的命令：寬恕你的敵人。

⑭ 參見泰戈爾：《人》，頁49。
⑮ 參見泰戈爾：《人》，頁53。

他在〈超人〉這篇演講中，曾列舉了本世紀二十年代阿富汗的村民們如何保護因飛機墜毀而降落的英國飛行員，而這些飛行員正是奉命前來轟炸阿富汗的。泰戈爾認爲這件事正說明人性不同於獸性，這是人道主義的表現。這種人道主義思想同樣也可以在印度古代的文獻中找到根源。他曾列舉印度古代戰爭中的幾十條規則，說明人性高於獸性，對於一切弱者、聖者、無防衛者均不殺害。但是當第二次世界大戰爆發後，泰戈爾耳聞目睹德、意、日法西斯侵略者對無辜人民所實行的殘酷鎮壓時，他長期信奉的人道主義思想開始蒙上一層陰影，到了晚年，在他回顧自己一生的歷程時，思考英國殖民統治究竟給印度帶來了甚麼？他對西方人道主義的幻想徹底破滅了，完全否定了西方文明中的所謂的自由精神。

此外，泰戈爾對於與人道主義相聯繫的西方的抽象的人性論也很欣賞，他認爲人不能只滿足於生理的要求，他應該成爲一個「超人」，一個「普遍的人」。人和動物不同，動物通過嗅覺和視覺獲得對目的物的認識，本質上是關心直接的需要。而人有更高的願望，他爲了達到自己的目的——追求人的完美，人性的完成，可以不惜犧牲一切。在這裏，泰戈爾所指的人是抽象的人，沒有時代，沒有國別，也不分種族和社會地位。他說：「……每個人都生存在他的時間和地點界限之外，在那裏，他的知識和努力眞正成爲一切時代的一切人所共享，過去和未來同樣屬於全人類[16]。」泰戈爾以類概括了一切具有不同屬性的人，正因爲他欣賞的是西方傳統文化中的抽象的人，他所指的人也只能是幻想中

---

[16] 泰戈爾：《人》，頁11。

的人。

在美學思想方面，泰戈爾雖然有自己的特點，但是或多或少也受到西方直覺主義的影響，強調人對美的感受。他認爲這種美感比理性認識更接近現實。他同意柏格森的看法，斷言只有通過美感才能將我們吸引到現實的核心。

至於西方文學的影響，可以用納羅婆尼的話概括如下：

> 「如果沒有莎士比亞的洞察力揭露出人類本性的複雜性，沒有華茲華斯的平靜和坦率，沒有雪萊對美的創造力和統一的信念，沒有勃朗寧朝氣蓬勃的樂觀主義和惠特曼暖人心房的人道主義，那麼他對生活的瞭解將是比較貧乏的⑰。」

泰戈爾從英國古典文學和浪漫主義的詩人作品中吸取了大量的營養，從而豐富了自己的思想。並以他自己作品的英文譯本豐富了英語文學。

總之，在泰戈爾的作品中，曾經融匯了印度和西方，古代和近代多方面的知識，這裏有人類文明的精華，也有被歷史拋棄的糟粕，對此，泰戈爾並沒有盲目地加以肯定或否定，而是隨著歷史的發展和認識的深化，不斷地融會貫通、吸收改造，最終形成了泰戈爾本人特定的思想。

泰戈爾哲學思想的特點可以概括爲三個方面：

第一、泰戈爾首先是一位詩人、文學家，其次才是廣義上的

---

⑰ V. S. 納羅婆尼：《泰戈爾導論》：頁34-35。

哲學家和社會活動家，他的哲學思想沒有採用系統的理論化的說教方式來表達，而是通過帶有美學風味的詩歌和文學來闡明，所以要想了解泰戈爾的哲學思想，探求詩人的靈魂，就不能忽略對他的文學作品的研究，他的一生絕大部分作品是詩歌、小說、戲劇、散文、音樂和繪畫，通過各種藝術形式表達了他複雜的人生觀、宗教觀、道德觀和世界觀。例如長篇小說《戈拉》，反映了十九世紀末和二十世紀初孟加拉社會兩種思潮的鬪爭，同時也表明泰戈爾對當時社會上各種問題的看法，其中包括民族、宗教、種姓、婦女等，這些方面的問題正是印度民族解放運動中必須解決的問題。又如詩集《吉檀迦利》，集中反映了泰戈爾的世界觀和宗教觀。上百篇的短篇小說是他反對殖民壓迫和傳統陋習的思想精華。他寫的劇本和詩歌，具有深刻的哲理，體現出辯證思維的方法和樂觀進取的人生哲學。他創作的歌曲既富含人生哲理又帶有虔誠的宗教情感，使人聽後感到恬靜、舒暢。他還寫了許多熱情奔放的詩歌，體現出強烈的愛國主義情操；有的詩如同一把匕首，刺向侵略者的心臟，表現出威武不屈和對敵人的憎恨。這些都是研究泰戈爾哲學和社會思想不容忽視的內容。除了文學作品，泰戈爾也寫了不少有份量的，比較有系統的哲理著作，特別在他一生的後期發表了許多演說和論文，有的已匯集成册，如《人生的親證》、《論人格》、《創造的統一》、《人》、《民族主義》、《人的宗教》、《文明的危機》、《在中國的演講》等。這些作品大部分問世於1905年之後，反映了他的哲學思想已經成熟，這些著作的基本內容大多是探討人生和社會問題，此外，他的一些書信集，往往以如詩般語言闡述他的深邃的哲學觀點，娓娓道來，平易近人，使人感到親切動聽，也是研究泰戈爾哲學思想的重要素材。

第二，正因為泰戈爾是一位偉大的詩哲，所以他使用的哲學術語決不是一般哲學教科書上程式化的定義和概念，而是蘊含著豐富的人生哲理和感情，甚至這些術語的涵義也隨著感情的起伏而變化，同一詞彙在不同作品中有不同涵義，有時同一涵義又用不同詞彙表達。因此，我們在剖析泰戈爾思想時，不能套用西方哲學的術語，也不能照搬中國哲學的概念，必須實事求是地結合印度哲學傳統和泰戈爾自己的思維特點，具體分析，恰當論述與評介。

例如，有限與無限，按照一般哲學定義，「有限」指有條件的，在時間與空間上具有一定限制，有始有終的東西，一般是指物質世界中存在的具體事物而言。「無限」是指物質世界所具有的物質性、運動、變化和發展，這一切都具有永恆的無限的意義。這種物質世界的無限性只能存在於有限的世界中，換句話說，就是在有限中體現物質世界的無限性。但是泰戈爾在應用這對範疇時，卻賦予另外的涵義，「有限」他限定為人和物，「無限」則具有「神」、「超人」和「普遍人性」等意義，有限與無限的關係轉換為人與神相互交往的關係。

又如「神」這個概念，泰戈爾對之有多種多樣的稱謂，在《吉檀迦利》中，有十幾種稱呼：我的主、萬王之王、我的情人、我的國王、我的君主、他、朋友、愛人、兄弟、無限等。神不是哲學的抽象，也不是廟宇中的偶像，而是情感的實實在在的寄託。

其他如對於眞理、同一、實在、幻等，也有其特殊的解釋和運用，這是探討泰戈爾哲學思想又一個必須注意的前提。

第三，和諧與統一是泰戈爾哲學思想的主流。這種思想貫穿在他的許多著作中，滲透到不同的思想領域。例如在世界觀方面，他追求人與神、人與自然之間的和諧；在人生觀方面，他追求普遍的、共同的人性，宣講「我是他」的學說；在宗教觀方面，他提倡各種宗教與教派之間的聯合，強調宗教的共性；在眞理觀方面，他認爲「眞理就是一切事物的綜合」；對於「美」和藝術的看法，他尤爲強調內外之間的和諧，主張形式和內容的統一。泰戈爾認爲同一、統一、均衡、協調是一切事物之間最本質的關係。

當然泰戈爾並不否認事物之間也存在著矛盾的對立，如正負、向背、引拒、冷熱、明暗、動靜、善惡、好壞、悲歡等等，但是他認爲這種對立的關係正好是從不同方面說明世界在本質上是各種力量的調和，如果不存在這種調和，那麼世界將在混亂中毀滅。這正如人的左手和右手，左眼和右眼一樣，它們是對稱的，又是相反的，它們各有分工而又配合一致，這就是協調，如果破壞這種關係，人們就無法正常生活。因此，在泰戈爾看來，對立是非本質的、暫時的，和諧與統一才是本質的、永恆的。

以上概括地闡述了泰戈爾哲學思想的淵源及其特點，以下各章將進一步考察泰戈爾哲學及社會思想的幾個主要方面。

第四章　有神論和「梵我如一」的世界觀

生活在泰戈爾身邊的親人和朋友，當他們回憶詩人的人格時，都有著某種鮮明的印象，卽他的思想會在一瞬間從很遠的地方旅行回來，一下子就跳入生活的洪流，和周圍的人們有說有笑；然而，轉瞬之間，他會陷入沉思，關上一切感覺的門戶，沉靜在人們永遠無法追求的秘密中。他可以一連幾小時，用同樣的姿勢坐在那裏，任憑蜈蚣在他臂上爬來爬去。泰戈爾自己也承認：

> 「我常常孤孤零零地徘徊在關起來的、沒有人住的三樓那些房子裏。甚至當我正忙著幹一百種不同的家務事的時候，我的心也常常飄飛出去，像一葉扁舟在兩岸的阻擋中衝出一條路來。如果不是這樣的話，如果我讓自己屈從於生活中數不清的束縛時，那麼，所有我的事情都毀壞了。我的生命之神不允許這樣的事情發生❶。」

泰戈爾說，這沉思，不是詩意的幻想，而是我生命的最深刻的眞理，是對無限的渴望。從外表來看，每當泰戈爾陷入沉思的

❶ 梅特麗耶・黛維夫人：《家庭中的泰戈爾》，頁138，1985年，灕江出版社，（季羨林譯）。

時候，都會給人以孤獨的感覺，然而，只要深入到他的內心世界，我們就會發現詩人的靈魂永遠伴隨著神明的伙伴，有時他以無限虔誠的心靈向神明祈禱，願奉獻出自己的一切:

「只要我一息尚存，我就稱你爲我的一切。
只要我一誠不滅，我就感覺到你在我的四圍，任何事情，我都來請教你，任何時候，都把我的愛獻上給你。
只要我一息尚存，我就永不把你藏匿起來。
只要把我和你的旨意鎖在一起的腳鐐還留著一小段，你的意旨就在我的生命中實現——這腳鐐就是你的愛❷。」

有時，在他心情舒暢、精神歡愉的時候，他將神明視爲情人，滿腔熱情地向她傾訴衷腸:

「如果我擁有天空和空中所有的繁星，以及世界和世上無窮的財富，我還會要求更多的東西；然而，只要你是屬於我的，給我地球上最小的一角，我就心滿意足了❸。」

有時，當他遭受不幸或被人誤解而感到孤獨和苦悶時，他把神明當作黑夜中的燈火，到處去尋找他:

「燈火，燈火在哪呢？用熊熊的渴望之火把它點上吧！燈在這裏，卻沒有一絲火焰，——這是你的命運嗎？我的心

❷《吉檀迦利》第34首，1983年，人民文學出版社，（謝冰心譯）。
❸《情人的禮物》第5首，1984年，上海譯文出版社，（吳岩譯）。

呵！你還不如死了好[4]！……」

有時，他面對帝國主義發動的侵略戰爭，看到無辜人民慘遭屠殺，內心感到無比憤怒時，他會向神明尋問：

「我的神，一次又一次，
你曾派遣使者來到這無情的世界；
他們教導我們：『饒恕一切人』，
他們教導我們：『愛所有的人——
從心底拔掉仇恨的毒根。』
他們值得崇拜，值得懷念，
但是在這不幸的日子裏，
我卻把他們趕出門外，
丟一個虛偽的敬禮給他們。

難道我不曾親眼看見，
在欺詐的夜幕掩蓋下，
他們怎樣秘密地在殺害無辜的弱者？
難道我不曾看見，
在強者橫衝直撞的侵略面前，
正義的聲音被扼殺，
獨自在暗中哭泣？
難道我不曾看見，
熱心的青年們在奮勇前進中

[4]《吉檀迦利》第27首。

頭顱撞著石牆遭到痛苦的死亡?
今天，我的聲音窒息，
我的笛子吹不出歌曲，
我的整個世界消失在
漆黑的夜的噩夢裏。
因此，我問你，含著淚，一個問題——
那些毒汚了你的空氣的，
那些撲滅了你的光明的，
你能饒恕他們?
你能愛他們[5]？」

泰戈爾的一生就是這樣不斷地和神明進行思想上與感情上的交流，他的喜怒哀樂、是非曲直，都會在神那裏找到慰藉和寄託。直到他逝世前幾天，在他爲自己創作的輓歌中，他仍然虔誠地把神稱作舵手和心靈的解放者。歌詞是:

「前面是寧靜的海洋，
喔，舵手!
放下船!
你將成爲永恆的同伴，
把我抱在懷裏，
在無限的道上，
點燃永恆的星火。

[5] 《泰戈爾作品集》（二），頁145，1961年，人民文學出版社。

解放者!

你的寬恕，你的慈悲，

成爲我無限旅途的永恆侶伴，

讓死亡的桎梏消滅，

讓廣大的世界伸臂把我抱在懷裏，

讓我的內心獲得對巨大未知的認識❻！」

這首歌在泰戈爾逝世後，於一年一度的紀念大會上被人們一再吟唱。

對於通曉印度歷史和現實的人來說，泰戈爾是有神論者並不奇怪，因爲印度數千年來宗教信仰深入人心，人們世世代代虔誠地信奉各自的宗教。卷帙浩繁的宗教經典、形形色色的祭祀禮儀、各種各樣的清規戒律，早已浸透到人們世俗生活和精神生活的各個方面，成爲社會習俗和道德規範的重要內容。根據定期的人口普查材料，宗教信仰狀況仍然是全民皆教，宗教派別成爲世襲的出身標誌，一個印度人，如果不信奉某種宗教，簡直是不可思議的事。泰戈爾從小生長在正統的印度教家庭裏，同絕大多數印度人一樣，在宗教和社會習俗薰陶下，他相信世界上存在神，神能支配一切，這是順乎天理合乎人情的必然結果。

那麼，泰戈爾所崇敬和寄託的神究竟是什麼樣子呢？神與人、與大自然又是什麼關係呢？搞清這些問題，也就瞭解了詩人的靈魂，即他的世界觀的精髓。

首先要回答神是什麼？泰戈爾認爲神不是印度教所崇拜的僵

---

❻ K.克里巴拉尼:《泰戈爾傳》，頁492。

死的偶像，偶像雖然具有形體，但是他們又聾又啞。他曾說過，神的泥土比偶像更偉大，因爲偶像一旦被打破可以散於泥土。在詩人看來神應該是有靈有肉的、活生生的、具有情感的實在。神既不在遙遠的天邊，也不在寂靜的廟堂，而是生活在人間。他不僅在自然界，而且在家庭、社會、國家，在萬物存在的一切地方。泰戈爾規勸人們:「把禮讚和數珠撇在一邊吧! 你在門窗緊閉幽暗孤寂的殿角裏，向誰禮拜呢? 睜開眼你看，上帝不在你的面前嗎❼？」他「是在鋤著枯地的農夫那裏，在敲石的造路工人那裏。太陽下，陰雨裏，他和他們同在❽」。

在《什麼是藝術?》一文中，泰戈爾賦予神如下的形象: 在節日裏，他是我們款待的客人; 在開花和結果的季節裏，我們會聽到他的腳步聲; 在善良的婦女和貞誠的男人中，我們認識他; 在天眞的兒童中，他一次又一次誕生，他是永恆的孩子❾。神這種人格化的形象在泰戈爾的詩歌、戲劇和論文中隨處可見。在他看來神是我們經驗中的原初物質，「我們感知到神的存在就像我們感覺到光的存在一樣」，是一種無需證明的眞理。

由於詩人將自己內心的神表現爲存在於萬物中的姿態各異的人格化身，因此，很多人認爲泰戈爾是一位泛神論者，說他把「神」確定爲一切「人和物」的核心，或者說，他把「人和物」冠之以「神性」。其實，泰戈爾的泛神論思想並非是他的獨創，它只是印度傳統思想的繼承和發展。正如泰戈爾所說:

---

❼ 泰戈爾:《吉檀迦利》，第11首。
❽ 同上。
❾ 參見泰戈爾:《人格》，頁27-28，1985年，馬德拉斯，英文版。

「在印度，人們曾受過教導，已經完全覺知他們與周圍事物（物質的和精神的）具有最密切的關係，他們向朝陽，向流水，向果實累累的大地祝福，將他們看成眞實的生命擁抱在自己懷裏⑩。」

並說，古代的聖人們每天沉思的內容便是去領悟人的靈魂意識和宇宙是根本統一的，這也正是「吠陀」思想的集中體現。

當吠陀發展到奧義書階段時，「梵我如一」的思想已成爲思辯哲學的核心。「梵」被視爲宇宙靈魂（大我），它是宇宙的創造者、維持者和最終的包攝者。在奧義書中對「梵」作肯定和否定的兩種描述：

肯定描述見《他氏奧義書》（V·3）：

「此卽大梵，此卽因陀羅，此卽般荼帕底（生主），此卽諸天，卽五大：地、風、空、水、火，卽諸微生，如混雜生，卽此種與彼種，卽諸卵生、胎生、濕生、化生（卽芽生），卽馬、牛、人、象，卽凡此有氣息者、行者、飛者、不動者。——凡此，皆爲般若（智慧）所領導，皆安立於般若那中。世界爲般若所領導，安立於般若那中，般若那卽大梵也⑪。」

在這段描述中，「梵」既是最高的理性和智慧，又是宇宙萬物的

⑩ 泰戈爾：《人生的親證》，頁7，1988年，馬德拉斯，英文版。
⑪ 徐梵澄譯：《五十奧義書》，頁29，1984年，中國社會科學出版社。

創造者，萬物均是「梵」的部分，「梵」是物質和精神的統一。而從物質方面看，又可謂萬物均有靈性，這靈性即是梵或諸天神。

否定的描述見《廣森林奧義書》（Ⅲ.8.8）：

「婆羅門所稱爲不變滅者也！非粗、非細、非短、非長；非赤、非潤；無影、無暗；無風、無空；無著；無味、無臭；無眼、無耳、無語、無意、無勢力，無氣息，無口，無量，無內，無外；彼了無所食，亦無食彼者⑫。」

在這段描述中，「梵」是無屬性，無限定，超越時空的不變滅者。

從奧義書對「梵」的不同描述看，可得出如下結論：即：「梵」具有兩重性，一方面它是抽象的精神實體，不可言說，不可描述，無屬性，無限定，無形體，既「不是這」，也「不是那」；另一方面它作爲萬物的創造者又具有多種屬性和形體，萬物是它的化身。人是萬物之一，自然地和梵在本質上同一不二。奧義書對「梵」的兩重性的描述再次說明印度人的泛神論思想是由來已久的。

此後奧義書的「梵我如一」思想被正統派吠檀多哲學所繼承和發展，至公元八世紀由印度教改革大師商羯羅創立「不二論」，再次對「梵」作出新的解釋。他將「梵」分爲上梵和下梵，上梵是無屬性、無差別、非經驗、非現象的實體；而下梵則是體現

---

⑫ 同上，頁589。

在萬物多樣性中的梵，它具有不同屬性、不同形體。商羯羅認爲上梵是眞梵，下梵是眞梵通過一種魔力幻化而成。人們只有去除無明才能透過虛假的下梵認識眞梵。

到了中世紀，虔誠派運動的領袖們，如羅摩奴闍和摩陀婆，以及後來的羅摩難陀和迦比爾，都進一步發展了泛神論思想，如摩陀婆把風神視爲梵的化身，他降臨人間拯救受苦受難的人們；迦比爾則深受毘濕奴教派和伊斯蘭蘇菲派的影響，要在神與人之間建立一種活生生的靈肉關係，他寫到：

「梵就是樹木、種子和幼芽，
梵就是花朵、果實和樹蔭，
梵就是太陽、光明和被光明照亮的東西。
梵無所不在，
世界上的男女都是梵的形相⑬。」

此外，印度的兩大史詩，《摩訶婆羅多》和《羅摩衍那》以及其他梵文文學、佛教經典、各種神話故事等，都包含著極爲深刻的泛神論思想。無疑，泰戈爾的思想是曾經受到其前輩大師們的深刻影響的，因此，他的泛神論思想有其深遠的社會基礎和思想基礎。

然而，在十九世紀末和二十世紀初，泰戈爾強調這種思想是有其新的意義的，那就是告誡印度人民不要走消極遁世的道路，單靠沉思冥想，頂禮膜拜是不可能得到人生眞諦的，神就在你身

---

⑬ 參見《迦比爾詩集》，頁6，頁62，頁72，1948年，倫敦，英文版。

邊，爲人類服務就是對神的最大虔誠，這種思想實際上正是反映了近代印度有產者要求發展和參與政治改革的願望。

但是這裏還必須指出，泰戈爾的泛神論是建立在有神論的基礎上，和斯賓諾莎的泛神論具有質的不同。斯賓諾莎認爲客觀存在的物質世界（自然、實體）是絕對無限的，在實體之外沒有任何第二個實體來限制它，因此那種超自然的精神實體（上帝）是不存在的。但是，在十七世紀基督教神學仍然佔據著統治地位的西歐，斯賓諾莎爲了避免教會的迫害，而把物質性的實體稱爲上帝，認爲「上帝就是自然」。實際上他是把泛神論建立在否定上帝的基礎上，將自然視爲最高的存在，因此人們公認他是唯物主義的哲學家。而泰戈爾則不同，他以有神論爲基礎，神存在於萬物之中並支配著萬物。例如他說：「太陽吸引地球是通過梵的意識，光波在行星間的傳遞也是通過梵的意識[14]。」梵或稱爲神是萬物的核心與主宰。

泰戈爾的泛神論只是代表他對神理解的一個方面，即有屬性、有差別、可以經驗、有靈有肉、生動活潑的神。而神的另一個方面，即無屬性、無差別的神，在泰戈爾的作品中同樣有所表現，如在《吉檀迦利》中，他寫道：

「我在人前誇說我認得你。
在我的作品中，他們看到了你的畫像。
他們走來問我：『他是誰？』
我不知道怎麼回答。

---

[14] 泰戈爾：《人生的親證》，頁42。

我說：『眞的，我說不出來⑮。』」

泰戈爾認爲這樣的梵（或神）只能感受而不可言說。他在長篇小說《戈拉》中，更加明確的承認：眞神一面具有無窮無盡的屬性，一面又根本沒有屬性：他既有無窮的外形，又毫無外形。在別的國家人們竭力想把神局限於一個界說之內，而在印度，沒有那一種說法被人們認爲獨一無二⑯。所以當泰戈爾強調「神存在於萬物之中」，「上帝就在你身邊」時，他被看成是一位泛神論者；而當他突出表現只能感受不可言說的神時，他又被看成是一位神秘主義的作家。其實，泰戈爾關於神的概念，只不過是在正統派吠檀多不二論哲學的基礎上，滲透進中世紀毘濕奴教派的影響，他對神的二重性的理解和表現，並沒有超越印度傳統思想的界線。但是在泰戈爾生活的時代，這種表現又賦予了新的意義，它反映了印度民族獨立的要求。

其次要回答神與人、與大自然究竟是什麼關係。

泰戈爾非常熱愛大自然，自然界中的一草、一木、一山、一石都是他歌頌的對象。從天空到海洋，從高山到沙漠；潺潺的流水，喧囂的波濤，寂靜的山谷，遼闊的平原；這一切自然的美景，都曾在泰戈爾的筆下熠熠生輝。讀他的詩使人如臨其境，似乎自己已被生機勃勃的大自然所擁抱，感到如此輕鬆，如此舒適。

談到詩人對自然，也就是對物質世界的看法，他首先肯定世界不是幻現而是眞實的存在。他說：

---

⑮ 泰戈爾：《吉檀迦利》，頁102。
⑯ 參見泰戈爾：《戈拉》，頁125，1959年，人民文學出版社。

「在茹卜那倫的河岸上
我起來，清醒著：
這個世界，我承認，
不是一個幻夢⑰。」

又說：「你視無限的星空、廣漠的大地為虛妄，豈不知大地的懷抱世世代代哺育了多少生命。無數的生靈組成了欣欣向榮的大千世界⑱。」

泰戈爾認為，世界是我們感覺到的那個樣子，這幾乎是不證自明的眞理。物質是一種實在，因為它是我們外在的東西。這些觀點，毫無疑問，已遠遠超越了傳統的「幻論」。

在印度，不但正統派吠檀多不二論認為世界是「梵」通過一種魔力——摩耶（Māyā）幻化而成。而且非正統的佛教哲學同樣將世界看成是刹那生滅的空幻。「幻論」具有深刻的社會影響，也是長期以來人們逃避現實生活的思想依據。

泰戈爾不但突破了傳統思想的束縛，承認世界的眞實性，而且強烈譴責了那些把一切都說成是夢幻的人們，他說：

「誰這樣虛偽的渲染，竟敢把一切——人類的偉大世界、正在發展的人類文明、人類這無窮無盡的努力、為了贏得權勢的勝利而越過深深的痛苦、極大的歡喜、內外無數的障礙物——稱為不眞實呢？誰能認為這無限的偉業是莫大

⑰ 《泰戈爾選集·詩集》，第126首。
⑱ K.克里巴拉尼：《泰戈爾傳》，頁190-191。

的欺騙呢⑲？」

泰戈爾肯定這「生命的歡樂、工作的歡樂，對人類來說是絕對眞理⑳。」它不可能是我們的幻覺或虛妄的遊戲。

他還肯定了大自然不是靜止不變的僵死存在，而是在不斷運動、發展和變化的實體。他說：

「世界上沒有任何事物永遠處於持久不變的狀態，它總是在迅速地變幻它們的形式，正當我們試圖盯著它們時，它們又變成別的事物了。甚至於山脈的運動也像在時間的舞臺上變幻的幽靈，許多星星在黑暗中突然發光又逐漸消失被忘卻，因此在梵文裏，用我們的詞來說，就是世界永遠在運動㉑………」

這種思想體現在他的詩歌中是這樣表述的：

「沒有一個人長生不老，
也沒有一件東西永久長存。
兄弟，記住這一點而歡欣鼓舞吧。
我們的一生不是一個古老的負擔，
我們的道路不是一條漫長的旅程。
一個獨一無二的詩人不必唱一個古老的歌。

⑲ 泰戈爾：《人生的親證》，頁215-216。
⑳ 同上，頁202。
㉑ 泰戈爾：《在中國的演講》，頁148，1925年，加爾各答，英文版。

花褪色了，凋零了，

戴花的人卻不必永遠爲它悲傷。

兄弟，記住這一點而歡欣鼓舞吧㉒。」

在泰戈爾的詩歌、戲劇和散文中，我們常常看到一幅幅生機盎然、滿園春色的畫面，它們變幻莫測，千姿百態，繪聲繪色，呈現出起伏流動的生的旋律，似乎萬物都在「急遽地前奔，它們不停留也不回顧，任何力量都不能挽住它們，它們急遽地前奔㉓。」泰戈爾認爲這種運動和變化從表面來看如同夢幻，但是從本質來說，卻反映了事物的共同眞理。這正像不同的舞姿同樣表現出音樂的眞理一樣。他說，正是在運動和變化的世界中，存在著不調和的衝突，人類社會才能發展，否則就會停滯不前。詩人對大自然的這些論斷，無疑，是積極、健康和辯證的。

那麼神與自然是什麼關係呢？當涉及這個問題時，泰戈爾不得不放棄自然的獨立地位，重新回到有神論和泛神論的立場。他認爲「在萬物中（無限）的存在是實在和肯定的慣例，它已經成爲印度人永遠的靈感㉔。」譬如奧義書中有這樣一段話：

「我再三地向存在於火和水中的神，

向遍佈在全世界的神，

向存在於每年收穫物中的神，

㉒ 泰戈爾：《園丁集》，第68首，1983年，上海譯文出版社。
㉓ 泰戈爾：《吉檀迦利》，第70首。
㉔ 泰戈爾：《人生的親證》，頁39。

也向存在於多年生的森林中的神朝拜㉕。」

這樣的神，泰戈爾說，怎麼能從世界中被抽象出來呢？相反，這不僅意味著在萬物中能看到它，而且要向它禮拜。神與物是不可分割的，神是萬物的核心，

「就物質而言，它本來是粗野的；它們是孤單的；它們隨時會互相傷害。物質像我們個人的衝動一樣，總在任性的尋求無限制的自由，放縱它們是有害的。但是一旦在它們中間樹起統一思想的旗幟，就會把這些叛亂力量帶到它的勢力下，並顯示出創造力——這創造就是平和，卽完美關係的統一㉖。」

也就是說，物質只有在神的精神統一下，才能建立起神與物的完美關係。於是物質失去了它的獨立性，儘管它是眞實的、運動的實體，它仍然要受到神的控制和支配。這說明泰戈爾的世界觀就其本質來說是建立在客觀唯心主義的立場上。

關於人和自然的關係，泰戈爾曾做過專題論述，他認爲在這個問題上東西方具有不同的觀點，西方人將自然視爲敵人，他們以征服自然爲榮，竭盡全力向大自然巧取豪奪。泰戈爾說：

「大自然莊嚴而富有生機的聖堂，對西方人來說已經沒有

㉕ 泰戈爾：《人生的親證》，頁40。
㉖ 泰戈爾：〈詩人的宗教〉，載《創造的統一》頁7，1988年，馬德拉斯，英文版。

深奥的意義了，它們只給人帶來了財富和勢力………森林在人們內心永遠也不會產生神聖的交往之情㉗。」

而在東方人看來，大自然不但爲人類提供了充足的水源和食物，維持了人類的生命，而且也創造了人類的文明。「地、水和光，花和果，這對印度人來說，不僅是物理現象，用則取之，不用則棄之。而是認爲這些自然物正像每一個音符對於完成和音是必要的一樣，也是獲得完美觀念的需要㉘。」泰戈爾認爲大自然不但給人以美的享受，而且在人與自然的交往中，還能實現內心之美。譬如當人把荒地變成花園時，便是內外之美的結合。因此，人應該正確認識自己和宇宙之間具有一種和諧的關係，只有確定了有限的人在無限的宇宙中的地位時，人類才能正確地認識自我，否則就會將自我誇大而失去眞實。這些論斷說明詩人在人與自然之間看到了他們具有聯繫性與和諧性的一面，但是他又把西方的物質文明和東方的精神文明割裂開來，從而忽視了西方思想中人能征服自然的積極意義。

關於神和人的關係，泰戈爾一方面沿襲了傳統哲學吠檀多派的觀點，認爲神和人在本質上同一不二；另一方面他也接受了毘濕奴派的觀點，在神與人之間建立起親密友好的關係，使神人格化，使人賦予神性。

泰戈爾認爲神或「梵」是客觀存在的最高精神實體。在自然界中，他被稱爲宇宙意識或宇宙靈魂；在人中，他被稱爲普遍之人，人中之人或是大我。個體的我只能是小我或稱爲個體靈魂。

㉗ 泰戈爾：《人生的親證》，頁31-32。
㉘ 同上，頁24。

然而每個小我中都蘊涵著大我，這是因爲人的本質屬性不是動物的人而是社會的人，人的社會性決定了他的普遍人性。他說，人和細胞一樣，人類的身體是百萬個細胞共同的寓居處，它們各自都具有自己單獨的生命，卻又在廣泛的範圍內接近神秘的統一，每一個細胞爲了維持生命的完整和統一，都具有某種自我犧牲精神，這種統一便是人類的健康。同樣，在人的世界裏，每一個人都不是單一的個體，他們都具有綜合眞理的意識，卽在自己的靈魂中體現別人的眞理，在別人的靈魂中體現自己的眞理。對於這種眞理，我們稱它爲眞、善、美，對它的追求不僅出於維護社會的觀點，而且也爲了人類本性的完善㉙。這裏，「人類的本性」便是指蘊涵在人內心中的神性。「他就是人類中的人性，他就是大我（Mahātma），他就是創造一切的神（Viśvakarma）㉚。」人性、大我和創造一切的神，在泰戈爾看來它們是同一意義。

神或梵在人身上體現爲普通的人性，卽眞、善、美的綜合意識。那麼人又如何感知神呢？泰戈爾提倡建立「我是他」的哲學，他說：「『我是他』聽起來好像是一種奇異的自我主義，但是它並非如此，它沒有誇大被分隔的小我，而是表達了包括一切人在內的偉大的靈魂。『我是他』這句話帶來了最高統一的這種眞理的信念㉛………。」「我是他」的哲學正是「梵我同一」的觀念，是一個概念的兩種表述。

因此，泰戈爾的世界觀其核心部份仍然是建立在有神論基礎上的「梵我 如一」論，而對這種思想表達的方式卻是多種多樣

㉙ 參見泰戈爾：《人》，頁5－7，1965年，安德拉大學，英文版。
㉚ 泰戈爾：《人》，頁50，版本同前。
㉛ 泰戈爾：《人》，頁49，版本同前。

的。有時將神人格化，成爲人的朋友、兄弟、戀人，以泛神論的面目呈現在藝術創作中；有時將神抽象化，成爲宇宙靈魂、大我、人性，以「我是他」的哲學理論洋溢於演講和論文中。但是泰戈爾對神、人、自然三者間的關係表達最爲完善的用詞則是「無限」和「有限」。

他把神或梵作爲一方，稱爲「無限」；把人和自然作爲另一方，稱爲「有限」。泰戈爾認爲「無限」是一種「盡善盡美的永恆精神」；「有限」是「不斷在變化的事物」。「無限」是「一」，他是萬物的創造者和支配者；「有限」是「多」，它是「無限」的顯現。「無限」與「有限」具有不可分割的聯繫，這正如河流與大海的關係，

「河流兩岸有無數的田野、森林、村莊與城市，河流能以各種方法爲它們服務，使它們清潔，爲它們提供食物，把它們的產物從一處帶到另一處。但是河流與它們之間只存在部分的關係，無論在它們中間逗留多久，終要分離，河流決不能變爲一座城市或一片森林。但是河流卻能夠並已經歸入大海，涓涓細流已和平靜的巨大海洋產生共鳴。河流在自己前進的過程中流經上千個目標，當它到達海洋時，它的旅程才達到終點。………人的靈魂也像河流能變爲大海一樣，它只能成爲梵。靈魂只是在某個方面接觸其他事物，然後便分開，它繼續前進。但是它決不離開梵，在梵的外面活動，一旦我們的靈魂領悟到它的最終目標要

回歸於梵時，它的全部活動就有了目的[32]。」

泰戈爾確信，「無限」儘管是完美的觀念，但它是可以達到的，因爲「無限不是缺乏內容的、空洞的非存在。」如果它只是一個目標卻永遠也達不到，那麼，這個目標就根本不是目標了。總之，泰戈爾強調無限與有限的和諧，其最終目的是要在有限中來證悟無限，使有限的人在平凡的有限事物中不斷地捨棄私我而上升到無限的大我、超人。用泰戈爾的話來說，就是「我們必須成爲梵」，「我們所追求的一切便是與神逐漸地成爲一體。」這就是「梵我同一」的原理，它是詩人靈魂的最高歡樂與自由。

[32] 泰戈爾：〈無限的親證〉，載《人生的親證》，頁134，1988年，馬德拉斯，英文版。

第五章　認識論與「和諧統一」的方法論

由於人們的世界觀往往決定了他們的認識論和方法論，所以在瞭解了泰戈爾的世界觀之後，必然要進一步探索他是如何解決主觀與客觀，認識與實踐的相互關係問題；又是如何回答認識世界和改造世界的根本方法問題。深入瞭解泰戈爾的認識論和方法論，是爲了進一步闡明泰戈爾的哲學思想，把握詩人的靈魂。

關於泰戈爾的認識論，將從以下三個方面進行考察和研究，卽人的認識對象，認識的來源；人的認識途徑和形式，各種形式的作用；以及人的認識能力等。

首先是人的認識對象、人類認識的來源問題。泰戈爾將人的認識對象區分爲三種要素，卽神、人和自然。關於這三種對象的涵義在世界觀一章已經闡明，這裏只作簡要概述：

一、泰戈爾的「神」是不依人的意志爲轉移的最高精神實體，是客觀存在的宇宙靈魂。神具有雙重性格：人格的神與非人格的神。人格的神代表「梵」具有屬性的方面，它存在於萬物之中，以各種姿態，多種顏色、聲音和形象在人間顯現；非人格的神代表「梵」無屬性、無差別的另一方面，它是不可描述，不可言說的抽象精神實體。

二、泰戈爾的「人」也具有雙重涵義：（1）是小我，生命我，變化易逝，受時間、地點、條件和環境的局限；（2）是大我，普遍我，永恆長存，超越一切時間和地區的局限，旣生活在過去、現在、未來，也生活在人的內心中，是人中之神性，或稱神格的人，是小我所追求的最終目標。

三、泰戈爾的「自然」同樣是廣義的，旣包括大自然也包括人類社會。它是眞實的存在並非幻現，而且在不斷地運動、發展和變化。由於神存在於萬物之中，所以自然又是富有靈性的，這靈性表現在宇宙中有許多有目的的徵候，譬如世界是平靜和美麗的，但又是充滿矛盾和鬪爭並且在不停地運動著。平靜和美麗怎麼可能寓於矛盾和鬪爭之中呢？只能回答說，神在這裏，他好像一棵靜止的樹。

以上這三種要素，泰戈爾認爲都是人類認識的眞實來源，是認識內容的組成部分。

其次是人通過甚麼途徑才能認識這三種對象呢？泰戈爾認爲有三種途徑，也就是認識的三種形式，卽感覺、直覺和理性。

對於感覺，泰戈爾首先肯定它是客觀存在的，不容置疑的眞理。他說：「這個世界呈現給我們的是一個有個性的整體，而不僅是一束不可見的力量，這一點，盡人皆知，得感謝我們的感官和心靈❶。」並且說：「我們認識實在並不是因爲我們能够想像它，而且因爲我們能够直接感觸它❷。」他認爲我們外界顯現的世界的確是通過人的感官被感知的，物質世界的多種多樣的形態，各種不同的顏色，事物的運動和變化，我們所感覺到的這一切大自然的奧妙，完全是實在的盡人皆知的眞理。其次，泰戈爾

❶ 泰戈爾：《人格》，頁13，1985年，馬德拉斯，英文版。
❷ 泰戈爾：《人的宗教》，頁130，1949年，倫敦，英文版。

認爲人的感覺是主觀的，是外界事物通過感官而引起的主觀反映。他說：

「這個現象世界是人的世界，它所具有的形狀、色彩和運動的特徵均出自我們感覺的特定範圍和性質，它是我們感覺範圍所具有的特殊的獲得，並爲我們所建立和限制❸。」

因此，人在感情上的變化，如愛憎、苦樂、驚奇、恐懼等，完全取決於感官與外界事物的交流。我們主觀的情感是一種汁液，外在的世界也有它自己的汁液，後者可以激勵前者的活動，在印度將這種交流稱爲「味」（rasa），意指能使我們情感的內在汁液作出反應的外在汁液。由於這種外在汁液的激勵，才能帶給人無窮無盡的歡樂，因此詩人表示：「不，我永不會關上我感覺的門戶。視、聽、觸的快樂會含帶著你的快樂❹。」這裏的你是指萬物中的神。所以泰戈爾所說的外在世界的汁液，也包括精神實體。他的感覺基礎既有物質也有精神，而感覺本身則是客觀在主觀的反映，或者說是客觀對主觀的刺激。第三，泰戈爾認爲感覺雖然是眞實的，然而有時它是靠不住的。

「人對於感官所提供的東西存在一種固有的懷疑，對於呈現在他直覺面前的實體的外觀，也存在一種固有的懷疑，因爲，人，他本身不是淺薄的，他知道在他內心深處存在著他稱爲眞理的某些東西和似乎經常是與事實相對立的某

❸ 泰戈爾：《人格》，頁13-14。版本同前。
❹ 泰戈爾：《吉檀迦利》，頁73。

些東西❺。」

他認爲人的感覺只能爲我們提供「宇宙的容顏，四季的環式舞，光和影、風和水的迷藏戲，人生的五色彩異」，卻不能爲我們提供「宇宙的解剖圖」，不能通過感覺認識到宇宙內涵的眞理，即和諧的「一❻」，所以泰戈爾得出結論：人類要想認識眞理，把握科學世界的核心，則必須求助於理性。

對於理性，泰戈爾是十分尊崇的，他認爲只有依靠理性才能認識事物的一般或本質，才能發現事物的規律，進而解決科學世界的問題。他說：「我們的科學世界是我們的理性世界。科學有它的偉大、用途和吸引力，我們準備向它表示它應該獲得的敬意❼。」並說：「科學涉及同一性，涉及到規律的透視和色彩的調和❽。」「時間和空間的規律，形式和運動的規律，這規律便是理性，它是普遍的❾。」所謂普遍性也就是奧義書中所說的「多中之一」，即在各個特殊概念中知道了作爲眞理的特殊的「一」。「一」即是事物的本質，它必須通過人的理性思維才能獲得。

泰戈爾認爲人所以不同於動物，正是因爲人具有理性，他不能滿足於簡單的、已有的事實，而是頑固地、反覆地追問這是爲甚麼？譬如「鑽木取火」，人類的理智決不會只滿足於火產生的事實，他要追問：「爲什麼摩擦會產生火？」泰戈爾說，也許人

---

❺ 泰戈爾：《人》，頁16，1965年，安德拉大學，英文版。
❻ 參閱泰戈爾：〈詩人的宗教〉，載《創造的統一》頁6，1988年，馬德拉斯，英文版。
❼ 泰戈爾：《人格》，頁52，版本同前。
❽ 泰戈爾：《人格》，頁54，版本同前。
❾ 泰戈爾：《人格》，頁54，版本同前。

類最初對該問題的回答是幼稚的，或許他們認爲樹裏存在某種無形的憤怒的情緒，當它被煽動時，它的狂怒便燃燒了，於是就產生了人類早期的神話。隨著科學的發展和人類智力水平的提高，上面的回答仍然不能滿足人類理性的要求，於是「火爲甚麼燃燒？」對這個問題的探索會進一步被推進，人類爲了回答這一問題所花費的氣力，遠比在厨房裏點火所花費的氣力大，甚至於火已經熄滅了，食物尙未備好，饑餓引起了劇痛，但是人類還在堅持他的問題：「火爲甚麼燃燒？」泰戈爾說，面前實在的火，人能够看見的火，不會作出任何回答，只有遠離經驗的事實，求助於理性，才能使個別的火，得到統一的答覆。這正像「地心引力」，它撇開蘋果從樹上落下來的個別事實，而是精闢地說明了一切物體自由下落的原因[10]。從以上的闡述中，我們看到泰戈爾承認人類認識的水平隨著時間的推移在不斷地向前發展，它經歷了由低級到高級的深化過程。並且認爲只有理性認識才能把握事物的本質，才能總結出科學的規律。人類的進步正是由於理智水平的不斷提高，才促進了科學技術的不斷更新。

甚麼是直覺呢？泰戈爾認爲直覺是人類的靈感。它用來說明人類日常生活直接接觸的經驗世界和以理性創造的科學世界之外的世界，那就是精神和藝術的世界。泰戈爾指出：

> 「科學不僅剝奪了世界的實在，而且剝奪了神的實在，科學把神放在我們人格聯繫之外的理性實驗中去分析，然後把結果描述爲未知的和不可知的[11]。」

---

[10] 參見泰戈爾：《人》，頁16-18。

[11] 《一個藝術家的宗教觀》，頁73，（康紹邦譯）。

因此對「梵」的認識絕不能用科學來證明，科學只能將實在置於抽象之中，神的精神實體在科學中就會變成空無。同樣，對「梵」的認識也不能通過感官的觀察，因爲感官對外界的接觸是部分的、表面的，而神卻是內在的整體。所以必須通過直覺，通過人類內在靈魂的感受才能認識精神世界的梵。他說：

「非個人的眞理是科學，通向它的道路對於我們大家來說都是一樣的——卽沒有個人多變性的、唯一的理性道路。而最高的個人眞理是神，親證他的道路不是一條，而是根據我們不同的個性有許多條，對於這種個人眞理的認識，永遠不能單純地通過理性，必須通過感情，正像和他有親密的關係一樣，要懂得和他完全是一致的⑫。」

在這裏，泰戈爾所指的對神的感情，便是指發自人們內心，由直覺所產生的感受。這一點在《人生的親證》一書中有更加明確的闡述，他說：

「在我們自己的靈魂中，最高神的幻象是直接的和直覺的，它不是建立在推理或一切論證上⑬。」

「我們所追求的自然界的眞理是通過分析和漸進的科學方法；但在我們靈魂中領悟的眞理則是直接的和通過直覺獲得的⑭。」

---

⑫ 泰戈爾：《無際的天空》，頁263，1964年，加爾各答，英文版。
⑬ 泰戈爾：《人生的親證》，頁69-70。
⑭ 同上。

詩人認爲理性只能獲得局部的知識，它是分析性的、解剖性的知識，然而「梵」是完全的知識，以不完全的理性知識無法獲得對梵的智慧。我們對「梵」只能以靈魂而知、以喜而知、以愛而知。

直覺除了用於解決人對神的感知以外，還用以說明人生藝術上的靈感。泰戈爾認爲藝術也和科學不同，科學是人工的、有規律的，因此它是普遍的，具有同一性，並經過了理性抽象的加工；而藝術是自然的、形象的，因此它是屬於個人的，具有特殊性（卽人格性），這就要求助於人的直覺或靈感，它表現爲個人的感受。泰戈爾說：

> 「在科學的世界裏，人格的要素，便被小心翼翼的移開了。我們是不應該用我們的感情去接觸這科學的世界。然而還存在一個更宏大的世界，它是我們親身感受到的，我們不應該僅僅認識它，就將其放在一旁，我們必須感知它⑮。」

譬如，對於太陽，科學家只注意它的化學、物理學方面；而藝術家卻欣賞著日出之美。對於玫瑰花，科學家可以使用簡單明瞭的語言說明它是甚麼；而藝術家則要拋開事實和規律，只藉助於個人的感受，來鑒賞花的美和味。藝術家拒絕分析，而是將畫面直接嵌入我們的心靈，成爲眞、善、美的合一。

總之，泰戈爾認爲，「我們通過理智認識眞理，這就像是我

---

⑮ 《一個藝術家的宗教觀》，頁43。

們的學校；實踐的感受就像是我們的工作場所；靈感的（直覺）就像是我們的家⑯。」

從以上泰戈爾關於認識途徑，即認識形式和認識過程的論述中，我們可以得出下列幾點結論：

一、泰戈爾承認感覺的對象是實在的，人們對外界事物的感覺是不證自明的眞理。並且認爲被感知的對象是客觀的，對象作用於感官所引起的感覺是主觀的。感覺屬於感性認識的範疇，它只能認識事物的表面現象，因此它往往是靠不住的。

二、泰戈爾承認人類對事物的認識有一個由低級到高級的深化過程，人類的認識在不斷地發展，並且認爲只有理性認識才能把握事物的一般和本質。

三、泰戈爾承認人類的認識形式除感覺和理性之外，還存在直覺，直覺是發自內心的靈感，它比感覺神聖，更富於主觀性，但是它又是自然的，不同於理性的雕琢和抽象。

四、泰戈爾將三種認識形式賦予三種不同的作用：

感覺——用於認識日常生活直接接觸的經驗世界
直覺——用於認識精神世界和藝術世界
理性——用於認識科學世界

關於人的認識能力，世界的可知性問題，泰戈爾的回答基本上是肯定的。他不僅認爲日常直接經驗的世界是可知的，而且認爲非經驗的世界也是可知的，因爲在他看來非經驗的世界並沒有

---

⑯ 泰戈爾：《人的宗教》，頁145，1949年，倫敦，英文版。

超出經驗的世界之外。泰戈爾說:

> 「所有屬於人的外部和內部機能的特性在他（神）身上都有細微的跡象，『這個是那個』這種最終眞理的基本涵義，對於我們來說就是人類的眞理，這就是爲甚麼說神的世界，我們知道必然是人類世界的原因，卽使在這以外還有任何其他的世界，對於我們來說它也是不存在的，不只是今天，而且是永遠⑰。」

正像永恆地獄的概念一樣，地獄的兇殘景象，實際上是人類殘暴的最有力的虛構。

泰戈爾相信人性中包含著最偉大的力量，人與動物不同，動物的活動在本質上只是關心直接的需要，甚至小猫的遊戲也是扮演捕捉幻想的老鼠。而人卻有富裕的精力，泰戈爾稱之爲「多餘」、「剩餘」或「額外的部份」（extras），這種過剩的精力必然要表現出來，於是他要超出生理的要求，整天忙於尙未發現的東西，從而創造出人類不同的領域，所以泰戈爾相信，今天還沒有被認識的事物，將來總有一天會被認識。「生命是永恆不斷的創造，因爲在他內部蘊含著過剩的精力，它不斷流溢，越出時間和空間的界限，它不停地追求，以形形色色的自我表現形式表現出來⑱。」

總之，泰戈爾關於認識論的闡述，包含著許多積極的因素:

---

⑰ 泰戈爾:〈超人〉，載《人》，頁29-30，1965年，安德拉大學，英文版。

⑱《一個藝術家的宗教觀》，頁16。

他肯定了世界的可知性；否認除了人的世界之外還存在某個彼岸世界；承認世界的眞實性；強調人類的認識水平在不斷地發展，有一個從低級到高級的深化過程；認識到感性認識的決定作用和理性認識的重要意義。這些觀點都是值得肯定的，其中也包含著發展與變化的因素，在某些方面接近於唯物論的反映論和辯證法。但是，在他的認識論中還有另外一些方面：一是，他的認識對象不僅包括自然界、社會和人生，而且還包括非人格的神和人格化的神，他認爲這一切都是眞實的存在；二是，他給不同的認識形式賦予不同的認識作用，將認識對象劃分爲經驗世界、科學世界、精神和藝術世界三個範疇，把感覺、理性和直覺，分別在不同的世界裏起主導作用，這就割裂了人類認識事物的全過程。實際上對任何事物的認識都有從感性到理性，從理性到實踐的反覆過程。以科學和藝術來說，二者固然有質的不同，但是同樣都離不開實踐與感覺，科學不能只靠理性，藝術也不能只靠靈感；三是，泰戈爾儘管看到了感性認識的決定作用和它具有的局限性，但是對感覺的基礎——實踐，和檢驗眞理的標準——實踐，卻沒有給予應有的重視，忽略了實踐在認識全過程中的主導作用。他雖然也談到實踐，但其實踐只意味著行動上的實施。這些可視爲泰戈爾認識論的不足之處。

關於泰戈爾的方法論，其主導思想可以概括爲和諧與統一。正如納羅婆尼所說:

> 「無論他是談玄學的理論還是談宗教的傳統、倫理學的學說或對社會的看法，他的注意力的焦點，與其說是放在分隔不同派別代表的屏障上，還不如說是放在共同交匯的領

域中⑲。」

均勢、協調、韻律、統一、均衡、調和、節拍與和諧，這一連串的同義詞正是泰戈爾用來觀察一切事物的基本方法與核心。詩人認爲宇宙的本質在於統一， 任何對立的東西在 本質上都 是和諧的。他說：

「在梵文中我們有稱之爲『對立的一對』（dvandva）的詞，卽在創造物中有對立的系列如正極和負極，向心力和離心力，引力和斥力。……它們只是從不同方面說明世界在本質上是多組對立力量的調和，這些力量正像創造者的左手和右手在絕對的和諧中進行活動，雖然是從相反的方向活動⑳。」

泰戈爾認爲在人的兩眼之間也有一種和諧的結合，使人的動作一致。同樣，在物質世界中，熱和冷、光明與黑暗、運動與靜止之間也有一種牢固的連續關係，它好像鋼琴的低音鍵和高音鍵之間的關係一樣，沒有這種高低音之間的連續，就不會產生優美的旋律，所以詩人說，對立的矛盾並沒有給世界帶來混亂，因爲它們在本質上是和諧的。由於他把和諧、均勢、統一看成是事物之間的絕對關係，把矛盾和鬪爭看成是暫時的、易逝的、相對的關係，因此「和諧與統一」的方法論就成爲泰戈爾觀察一切事物的

⑲ V. S. 納羅婆尼：《泰戈爾導論》，頁28，1977，馬德拉斯，英文版。

⑳ 泰戈爾：〈在愛中親證〉，載《人生的親證》，頁158，1921年，德國萊比錫，英文版。

指導思想。例如:

當他談到眞理時，他認爲「眞理就是一切事物的綜合」，「眞理的全貌在於無限和有限的和諧，盡善盡美的永恆精神和不斷在變化的事物的和諧㉑。」並且說:

「人類證悟眞理的唯一途徑就是使我們的生命融會於整個的客觀世界，古代印度林棲聖哲們的努力，正是爲了在人類精神和宇宙精神之間去親證這種偉大的和諧㉒。」

當談到自由時，泰戈爾說:「眞正的自由不在於分隔，而在於這種深奧的完美的結合㉓。」也就是說在行動的束縛中才能獲得內在靈魂的自由。並且說:

「我們渴望自由，我們同樣也要求束縛，愛的崇高職能便是喜歡接受一切束縛，並要超過它們。因爲沒有任何東西比愛更具有獨立性，可是，我們難道在別的什麼地方也能找到比愛有更多的依賴性嗎? 在愛中束縛也像自由一樣是令人愉快的㉔。」

他認爲自由與束縛在愛中找到了和諧。

㉑ 泰戈爾:〈眞理〉，載《無際的天空》，頁336-337，1964年，加爾各答，英文版。
㉒ 泰戈爾:〈個人和宇宙的關係〉，載《人生的親證》，頁19-20，版本同前。
㉓ 泰戈爾:《人》，頁48。
㉔ 泰戈爾:〈在愛中親證〉，載《人生的親證》，頁190，版本同前。

當談到無限時，泰戈爾說:

> 「無限的本質並不是數量的延伸，而在於『不二』(advaitam)，即統一的奧秘。各種事物佔據著無窮的時間與空間，但是眞理卻廣泛地包括了一切，眞理是『一』。當我們的心感觸到這個『一』時，無論大小，它都會感到『無限』的觸摸㉕。」

並且認爲我們存在的一極是有限，而另一極是朝向無限，對無限的追求「不是追求財物而是追求自由與歡樂。在那裏，需求性的支配結束了，在那裏我們的職能不是獲得而是去做，做什麼呢?就是與『梵』合爲一體，因爲無限的領域是統一的領域㉖。」

當談到罪惡時，他認爲罪惡不是絕對的和終極的，「正像在知識中的錯誤一樣，在任何形式的惡中，其本質也是暫時性的，因爲它不能與全體相調合，任何時候它都會被事物的全體所修正，並不斷改變它的某一方面㉗。」他相信惡不能完全阻止生命在光明大道上的進程，惡一定會消失並轉變爲善，儘管從數學上證明不和諧的概率遠多於和諧的概率，但是人們仍然相信小提琴的弦不會故意奏出非常可怕的不和諧的音調。惡只是完美中的不完美，絕對中的相對。只有善才是絕對的和完美的。

當談到死亡時，他認爲

㉕ 泰戈爾:〈詩人的宗教〉，載《創造的統一》，頁4，1988年，馬德拉斯，英文版。
㉖ 泰戈爾:〈無限的親證〉，載《人生的親證》，頁254，版本同前。
㉗ 泰戈爾:〈惡的問題〉，載《人生的親證》，頁88。

「生命作爲一個整體，永遠不會把死亡看得很嚴重，在死亡面前它歡笑、舞蹈和遊戲，它建設、貯藏並相愛。只有當我們把個別死亡的事實同生命整體分離時，我們才會看到它的空虛並變得沮喪。我們忘記了生命的整體，忘記死亡只是它的一部份……而事實是，死亡並不是最終的眞實，它看起來是黑暗的，有如天空看上去是蔚藍的，但死亡並不是變黑的實體，正像天空並不在鳥的翅膀上留下它的藍色一樣㉘。」

死的流泉，使生的止水跳躍。

同樣，在人與自然、人與人、人與神的關係方面，泰戈爾也著重強調他們之間的和諧，這一點在世界觀一章中已經闡明。

根據泰戈爾以上的觀點，任何事物之間既然本質上都是一種和諧與統一的關係，那麼，在它們之間是否還存在矛盾與鬪爭呢？如果矛盾雙方的同一性是絕對的，那麼事物又是如何運動和發展呢？這種運動和發展的動力又是什麼呢？泰戈爾對此作了如下的回答：

他首先肯定了矛盾的普遍性，承認世界上充滿了各種各樣的矛盾。在〈人格世界〉一文中，詩哲全面闡述了近與遠、運動和靜止、無限和有限，生和死等各種對立範疇之間的矛盾。在《人生的親證》一書中，他也曾反覆地論述自由與束縛、善與惡、悲與歡，佔有和給予之間的關係。並且把這種矛盾對立的普遍性貫穿在他的小說、戲劇和詩歌中，他認爲無論是自然界、社會和人生普遍表現爲矛盾的對立。

㉘ 泰戈爾：〈惡的問題〉，載《人生的親證》，頁90，

例如，在自然界中的運動和靜止，泰戈爾說，在我們看來恆星是靜止的，因爲我們是在星宿彼此之間的聯繫中來看它們，因此它們呈現在我們面前的，如同掛在某位靜默神靈頸上的一串寶石項鍊，然而天文學家會說，恆星正在滾動。這是因爲他將某顆星拉入近距離觀察的結果。因此從遠處看它們是靜止的，從近處看它們是運動的，所以《伊莎奧義書》中的聖賢曾說過：「它運動，它靜止。它是遠，它是近。」遠和近，靜和動既是矛盾的又是相對的。

又如，在人類內心中的小我和大我，泰戈爾說，我們心中有兩個「我」，兩個人：一個永遠無盡無休地爲貪婪、不滿、苦惱、憂愁、快樂以及其他一百種情緒所擺弄；另外一個是更偉大的「我」，他高出一切，能够自制。這兩個「我」經常處於矛盾之中。

其次泰戈爾也承認，既然有矛盾就會有衝突。這種思想當他越接觸實際生活時，越感到突出。詩人看到在印度社會中存在著一種以冥想來代替行動的危險，他認爲這是有些人歪曲了自由和束縛的關係，這些人爲了追求靈魂的自由而不願接受行動的束縛，他們爲了獲得解脫的自由而放棄自己的社會職責，成爲隱居遁世的逃避現實者。泰戈爾譴責說：

> 「他們的信仰沒有法則的束縛，他們的想像力無拘無束地翱翔，他們的行爲鄙棄由理性所提供的任何說明，他們的知性枉費心機地試圖離開『梵』的創造行爲而見到『梵』，從而使知性本身成爲枯石，而他們在試圖將『梵』禁閉在自己流露的感情中時，卻逐漸消失在精神昏迷之中，由於

他們忽視了法則的束縛和對外部世界的行動要求，從而在內心也失去了維持人類精神力量和品行的判斷標準㉙。」

泰戈爾還看到在取與給的矛盾中，一些人只想佔有，不願奉獻。在他們看來給予是對他人而言並不包括自己。詩人也曾親身經歷著充塞在印度社會中的種姓矛盾、教派鬬爭、民族糾紛和國與國之間的不平等。他不但看到了這些矛盾和對立，也深深地爲此感到苦惱。

但是，儘管他肯定了矛盾的普遍性和矛盾雙方的對立與鬬爭，他仍然確信和諧與統一才是事物之間的基本法則。只要尋找到這個「一」，任何事物之間的矛盾也就會迎刄而解。例如前面說到的生與死，他認爲永恆和不朽便能將二者統一起來。生命有顯現的形態，也有隱沒的形態，在生命中隱沒的是過去的形態，然而那也是未來的形態，顯現和隱沒（卽生與死），正像海洋上的波濤一樣只是表面的現象，唯有永恆的生命，它不朽也不滅，所以「死就是生」。永恆與不朽成爲生與死的連接點。

同樣，靈魂的自由和行動的束縛可以統一於對梵的奉獻中。這好像被縛在琴上的弦，當琴弦拉緊時，繫縛的力量沒有一點鬆弛，才能產生音樂的效果，此時弦的優美旋律超越了弦本身，每一根琴弦都找到了眞正的自由。這是因爲弦受到了法則的約束，同時也在優美的樂曲中找到了選擇音域的自由。但是當弦沒有正確地被拉緊時，這時的繫縛才是眞正的束縛，因爲它不會帶來琴弦的自由，更不會產生優美的樂曲。只有當弦被牢固的繃緊，直

㉙ 泰戈爾：〈在行動中親證〉，載《人生的親證》，頁209-210。

到獲得正確的音調時，才能實現眞正的自由。所以泰戈爾說：「靈魂通過它的全部活動將自身奉獻於『梵』，這獻身的行爲既是靈魂的歌聲，也是靈魂的自由㉚。」

泰戈爾一方面承認世界在不斷地發展和變化；另一方面又認爲和諧與統一是事物之間的絕對關係，那麼，發展和變化的動力究竟是什麼呢？泰戈爾回答說：是愛。只有愛才能使對立的雙方聯合在一起，只有愛才能消除各種各樣的矛盾，從而促進人類社會和萬事萬物的發展。爲此，他寫了〈在愛中親證〉一文，充分宣揚了愛的威力。他說：

> 「只有愛是運動和靜止的統一，我們的心總是在變換它的位置，直到找到了愛，它才能獲得平靜。然而平靜並非停滯，而是靜止和運動匯合於愛的同一點上㉛。」
>
> 「在愛中得與失是均衡的，在它的平衡表中貸方與借方的帳目在同一欄內，贈品增加了盈餘。……愛者不斷地奉獻自己又在愛中獲得自己。的確，愛將放棄與接受兩種行動帶到一起，並且將它們不可分割的聯繫起來㉜。」

泰戈爾認爲這種愛的法則適用於一切領域，譬如，在人類社會，一些人所以能上升爲神，顯現爲「超人」，是由於在他們的本性中包含著「愛」的天賦，愛能包容一切，通過某種修煉，它可以成爲一種動力，爲了愛國家、愛人類，他們可以犧牲自己的生命

㉚ 泰戈爾：〈在行動中親證〉，載《人生的親證》，頁213。
㉛ 泰戈爾：〈在愛中親證〉，載《人生的親證》，頁189。
㉜ 同上。

去接受苦難，他們可以無視肉體的安全去公然反抗暴力。又如在自然界，一切生物也都遵循著愛的法則：

「大地借助於綠草，顯出她自己的殷勤好客㉝。」
「塵土受到損辱，卻以她的花朵來報答㉞。」
「蜜蜂從花中啜蜜，離開時營營地道謝㉟。」
「綠葉戀愛時便成了花，花崇拜時便成了果實㊱。」
「埋在地下的樹根使樹枝產生果實，卻不要求什麼報酬㊲。」

同樣，在神的世界，正因爲有了愛，才有了創造，才有了宇宙靈魂和個體靈魂的分離，即無限與有限的分離。然而這種分離並不是絕對的，所以先知們曾吟唱過這樣一首讚歌：「宇宙從愛生，依愛而維護，向愛而運動，最終歸入愛。」正是這種聯合的力量，愛的力量，才推動了社會、自然和人生的進步與發展。愛眞正體現了造物的歡喜，體現了萬物內在的美。泰戈爾認爲如果沒有愛的聯合，有限與無限的分離是絕對的，那麼，世界上將存在絕對的痛苦和沉重的罪惡。那時，我們絕不能從虛假達到眞實；絕不能希望從惡達到內心的純潔。那時，一切對立仍將保持對立，永遠不能找到一種媒介使我們的差異能够不斷趨向融合。那時，我們將沒有語言、沒有理解、沒有內心的交融，在生活中將

㉝ 泰戈爾：《飛鳥集》第91首，1982年，湖南人民出版社。
㉞ 泰戈爾：《飛鳥集》第101首，版本同前。
㉟ 泰戈爾：《飛鳥集》第127首，版本同前。
㊱ 泰戈爾：《飛鳥集》第133首，版本同前。
㊲ 泰戈爾：《飛鳥集》第134首，版本同前。

沒有合作。所以愛才是萬物發展和變化的動力。

除了上面已經談到的認識論、方法論和某些哲學範疇之外，泰戈爾還對時間與空間，原因與結果，形式與內容等基本範疇作了廣泛說明。

關於時間與空間，泰戈爾首先肯定時空觀念與物質運動有關。正像唯物主義者所主張的，他認爲時間和空間是運動著的物質的存在形式。在〈人格世界〉一文中，他詳細論證了這一觀點，他說，當我們通過顯微鏡去觀察一片玫瑰花葉時，我們看見隨著花葉在空間的伸展，葉片會變得模糊不清，如果把花葉放在無限的空間，它將不成爲任何東西，只有當無限達到有限的特殊點時，花葉才是眞實的，因此說空間的概念隨著物質的運動而確定。時間也一樣，如果我們借助一種魔力，能把一個月壓縮爲一分鐘，我們將會看到玫瑰花葉的變化速度會突然加快，這說明時間的概念與物質運動速度有關。

其次，泰戈爾承認時空的概念是可變的，它們隨著物質運動的變化而變化。例如對恆星的運動和靜止的判斷與空間的距離有關，從遠處觀察，它是靜止的，若從近處觀察，它則是運動著的。花葉的眞實與否，同樣與空間距離的大小有關。而狗的嗅覺與人的嗅覺不同則是因爲各自的神經所經歷的時間反映不同。同樣，夢境與實境的不同也是因爲睡眠和清醒時的意識在時間上有差距，夢中的一切如同一列特別快車在我們面前奔馳而過，我們通過疾馳的夢的窗口，觀察到醒來時緩慢的意識世界。這說明時間與空間，快慢與大小都是相對的，它隨著物質運動的形式和特點在不斷地變化。

但是泰戈爾又認爲時空的多變性固然與物質運動有關，然而也與人的主觀意識相聯繫，它們最終要取決於心靈自身的創造。因此，世界只能是「人格的世界」，一切客觀事物均印有主觀的烙印，時空也不例外。泰戈爾說:

> 「我們想像我們的思想是一面鏡子，它或多或少地準確反映了我們身外發生的事物。但是，事實並非如此。我們的思想本身是創造的基本要素。在我們感知這世界的同時，它又在時間和空間上不斷被創造著㊳。」
>
> 「創造物之所以紛紜多樣是由於思想在時間和空間的不同焦點上觀察各種現象㊴。」

例如，我們的心靈如果隨意調整時間的焦距，我們就會看到「飛瀑靜止，而松林卻像綠色的尼加拉大瀑布一樣急速奔馳」。這說明時空的觀念又是主觀的，泰戈爾在此陷入主客觀的矛盾之中。

關於原因和結果的關係，泰戈爾持肯定觀點，認爲有因必有果。世界的科學規律也包括萬能的因果定律。根據這個定律，世界上所發生的一切現象都受到因果關係的制約，因果關係是生命進化的基礎。顯然這種觀點深受佛教「十二因緣」的影響。

但是，當泰戈爾談到神的世界時，他又回到吠檀多一元論的立場，認爲「梵」在創造世界時並不受因果規律的制約，而是出於喜，「萬物從喜生，依喜而養育，向喜而前進，最終歸入喜。」神在創造萬物時，不受任何目的的支配。神是萬物生成的原因，而神本身卻是固有的、永恆的終極因，他是無始無終的。因果規

㊳ 《一個藝術家的宗教觀》，頁69，
㊴ 《一個藝術家的宗教觀》，頁69。

律在神那裏完全失去了作用。

至於形式和內容的關係，概括起來有下面幾點意見:

一、形式和內容應該是統一的，當我們對一件藝術品或一首詩作出評價時，既要著眼於內容，又要考慮到形式，只有美的外表才能更好地反映出美的實質。然而藝術中的美只是工具，並不是最終的目的。藝術品的眞正價值在於內容和形式的「有機複合」。

二、內容反映事物的本質，形式反映事物的表像，因此內容往往是理性的、抽象的和全面的；形式則往往是具體的、形象的和片面的。

三、內容是一，形式是多，一種內容可以用多種形式來表現。

以上這些觀點我們在探討泰戈爾的美學思想一章裏再加以詳細的論述。

總之，泰戈爾的範疇學是他方法論的直接體現，和諧與統一的原則仍然是各範疇之間的主要關係，在這裏，既有辯證思想也有難以廻避的矛盾與不足。

第六章　「眞理是一切事物的綜合」

泰戈爾是位虔誠的信徒，神明是他永恆的伴侶，但是，他也是一位知識淵博的學者，通曉近代最新的科學知識。神學與科學在他頭腦中常常發生矛盾，這種矛盾自然地也反映在他的眞理觀中。

什麼是眞理呢？泰戈爾說：「眞理就意味著最高的神❶。」什麼是最高的神呢？泰戈爾說，在印度

「大家都公認，那不可局限的至高無上的眞神，是在一定範圍內體現出來的，——眞神的體現有微末，有巨大，有纖細，有粗雜，說也說不完。他一面具有無窮無盡的屬性，一面又根本沒有屬性；他旣有無窮的外形，又毫無外形❷。」

原來，眞理就是傳統的吠檀多不二論哲學關於上梵與下梵的綜合。對於眞理的這種定義，看來只適合神的世界，因爲對人的世界，他另有別論。

---

❶ 泰戈爾：〈眞理〉，載《無際的天空》，頁 334，1964年，加爾各答，英文版。

❷ 泰戈爾：〈戈拉〉，載《泰戈爾作品集》(六)，頁131，1988年，人民文學出版社。

泰戈爾說:

「在人類的歷史上，一代接一代，人繼續他的無止境的探索，這不是爲了滿足他的物質需要，而是爲了盡一切可能力求在人類的世界中展現出普遍的人，從被他自己建立起來的粗糙的障礙物中，去挽救他自己內心深處的眞理，正是這種眞理比他積累起來的全部財富更偉大，比他所有的成就更偉大，比他一切傳統的信仰更偉大❸。」

這內心深處的眞理究竟是什麼呢？泰戈爾進一步回答說，是無限人格，普遍人性，小我中之大我，換句話說，「眞理的全貌在於無限與有限的和諧。」也就是人與神的和諧，人與自身的神性和諧。對眞理的這種定義，適合人的世界，使人脫離動物的本能趣味而上升爲「超人」。

從上面這些論述，不難看出，當涉及到精神領域時，泰戈爾的眞理觀永遠不會脫離神性和人性，這樣的眞理是建立在臆想的基礎上，自然不會正確反映出客觀存在的事物及其規律了。

然而，這並不是泰戈爾對眞理所作出的全部回答，當他談到自然界的眞理時，又賦予了新的涵義。他認爲科學的眞理是事物內在本質的反映，是事物的綜合而不是堆積。也就是說，眞理不是反映事物的量而是反映事物的質。他說:

「這個世界的眞理是甚麼？它不在大堆的物體中，不在眾

---

❸ 泰戈爾:〈超人〉，載《人》，頁42，1965年，安德拉大學，英文版。

多的事物中，而在它們的互相關係中，這種關係既不能被數計，也不能被度量，也不能被抽象。眞理不在物質中，物質是『多』，而在於表現，表現只是『一』。我們對事物的一切知識都在於懂得它們與宇宙的關係，這關係便是眞理❹。」

例如一滴水，泰戈爾說，它不是兩種原素機械的排列，而是一種協調關係的奇蹟，在這種關係中二表現爲一。又如關於光的眞理，最初認爲是以太的振動，後來通過實驗才知道它是由不同長度的波組成了光，再以後才進一步得知，光還放射微量的粒子，因此光的本質被認爲是波粒。所以泰戈爾說，人最初總是以貪婪的精神去攫取孤立的事實，並試圖使它們堆積起來，但是後來才知道，通過少數個別的渠道去接近事物，並對個別的事物予以孤立的認識都是令人厭煩的，因爲我們追求的並不是事實本身，而是通過它們去追求事物在本質上的聯繫，去了解事物之間的內在關係，知道了這個「多中之一」，也就是知道了在各個特殊概念中作爲眞理的特殊的一。

由此可見，泰戈爾儘管將精神世界的眞理建立在臆想的神性和抽象的人性基礎上，然而將科學世界的眞理卻建立在物與物的關係上，承認眞理反映事物的本質及其規律。從而肯定了眞理的客觀實在性。這說明他的思想一方面深受傳統哲學和宗教的影響，相信世界上存在至高無上的神，神是支配宇宙的唯一眞理。同時也相信人的本質是善良的，人性善才是人生的永恆眞理。另

---

❹ 泰戈爾：〈詩人的宗教〉，載《創造的統一》，頁5－6，1988年，馬德拉斯，英文版。

一方面他又深受西方近代科學的影響，在科學面前不得不排除神學的位置，所以當談到科學的眞理時，又忘記了神的支配作用，而是老老實實的探索科學規律，這正是泰戈爾思想矛盾的反映。

對於絕對眞理和相對眞理的關係，泰戈爾儘管沒有明確闡述，但是從他的言論中可以得到肯定的意見，即他認爲相對眞理中包含著絕對眞理，絕對眞理寓於相對眞理之中。他說：「眞理的獲得不是在終點，而是通過無止境的成就展現出來❺。」並說，對於眞理的追求，正像一位旅行者步入旅途，他的每一步都引向最終的目標，只要踏上這條道路，就是勝利的開端，越過一個個障礙物就能獲得最終眞理❻。這說明泰戈爾正確地肯定了終極眞理只能一步步通過相對眞理的獲得而得到。

同時，他也認識到相對眞理只能是相對地正確，它隨著人類認識水平的不斷提高，內容也逐漸更新。過去認爲是正確的東西，被稱爲眞理，隨著時間的流逝，條件的變化，科學的發展和認識的深化，往往成爲謬誤。反之，過去認爲是荒謬的也可能證明爲眞理。眞理的這種相對性和可變性，促使人類永遠不會停留在一點上，而是不斷地去追求和探索新的眞理，從而帶來了新的文明。泰戈爾說：「因爲存在永恆的眞理，就認爲每一種科學觀點都是眞實的，那就錯了，如果是這樣，今天還可以說太陽是圍繞著地球旋轉❼。」這說明泰戈爾認識到，眞理是在不斷地發展，因爲人們的主觀對客觀的反映，總有一個從相對一致到絕對一致的過程，也就是從不知到知，從知之不多到知之更多的認識

❺ 泰戈爾：《詩人的宗教》，頁20。
❻ 參見《人生的親證》，頁22。
❼ 泰戈爾：〈超人〉，載《人》，頁35。

過程。如果我們否認眞理的相對性，那便會使人的思想僵化，將過去認爲是眞理，現在已經證明是錯誤的東西，仍然看成眞理。但是，如果我們否認眞理的絕對性，又會使人走向相對主義而導致不可知論。所以正確把握相對眞理和絕對眞理的關係，是正確認識客觀事物及其規律的關鍵。

泰戈爾雖然在理論上肯定了眞理的相對性，承認隨著事物的變化，眞理也在不斷地更新，但是當涉及精神領域，尤其是神的世界時，他又回到了吠檀多不二論的立場，認爲「梵」是不變的永恆眞理，「梵我」在本質上同一不二，是人生證悟的最終目標，也是生命的眞理。這種眞理是絕對的，它超越了時空界線，超越了一切法則，成爲永恆和不朽的化身。爲此泰戈爾又陷入了唯心史觀的局限。

對於眞理和謬誤的關係，泰戈爾曾以格言的形式提出他的看法，他說：

> 「如果你把所有的錯誤都關在門外時，眞理也要被關在外面了❽。」
>
> 「眞理之川從它的錯誤之溝渠中流過❾。」
>
> 「錯誤是眞理的鄰居，因此它欺騙了我們❿。」

他還以論文的形式，從理論上明確地闡述了這對範疇的關係。他說：「所有的科學眞理都經歷過無數的錯誤，事實上，錯誤是

---

❽ 泰戈爾：《飛鳥集》第130首。
❾ 泰戈爾：《飛鳥集》第243首。
❿ 泰戈爾：《流螢集》第216首，1983年，上海譯文出版社。

多，眞理是一；錯誤是個人的，眞理屬於大家⓫。」譬如，一位天文學家想用望遠鏡去觀測恆星，這時，他需要克服很多障礙，如在天空中有地球的塵土，有環繞著地球的大氣層，有霧幕的遮蓋和其他來自外部的干擾。同時人的觀測思想也往往預先有某種傾向而弄得模糊不淸。當這些障礙——內部的和外部的——全部被克服時，才能獲得對恆星完全的眞理。如果其中的某個環節出現偏差，那麼就可能獲得錯誤的結論，所以說眞理是一，錯誤是多。爲了獲得某種眞理，常常要經過無數次的失敗。

同時在探索眞理的過程中，的確，會有千千萬萬的人做出犧牲，然而，一旦總結出規律，找到了眞理，就會被大家利用，造福於人類。因此說，錯誤屬於個人，眞理屬於大家。泰戈爾的這些論述無疑地是正確的。

自然科學中的眞理與謬誤存在如此關係，那麼人生和社會問題是否也如此呢？泰戈爾的回答是肯定的，他認爲精神世界的眞理和謬誤的關係同樣是相互對立而存在。譬如要想獲得「人」的眞理，正像天文學家獲得恆星的眞理一樣也必須克服重重障礙，即要經過內外思想的純淨，通過放棄自我，抑制罪惡，來親證人的本性。他認爲人的本性並非是動物的本能，如果將人對衣、食、住、行的基本需求看成是人的唯一眞理，把人對物的貪婪所引起的墮落看成是精神的眞諦，那麼，你就會在「人」身上犯錯誤，就會認爲人與人之間的掠奪、仇恨和毀滅性的戰爭都是必然的，這樣的話，就會給社會帶來更大的危害。所以，泰戈爾說，在人身上犯錯誤，遠比在科學上犯錯誤其破壞性大得多。而某些

⓫ 泰戈爾：〈超人〉，載《人》，頁31。

個人或團體，正是利用這種錯誤將人引向犯罪的道路，這一點不能不引起世人的注意。實際上，只要在錯誤的界線上超越一步，卽可成爲眞理，也就是說，將人的本性由動物的需求上升爲普遍的人性——超人，卽可獲得「人」的眞理。眞理超過了界限可以變成謬誤，同樣，謬誤也可超越其界限轉化爲眞理。這就是泰戈爾對眞理和謬誤的看法。

總之，泰戈爾看到謬誤是眞理的鄰居，兩者互相對立又互相依存。眞理是事物的綜合，是事物的本質反映，而謬誤則是對事物本質的歪曲，因此說它欺騙了我們。泰戈爾也看到人類整個認識水平有一個不斷深化、不斷提高的過程，伴隨著眞理的發展，總會出現這樣或那樣的失誤，因此說，失敗是成功之母、錯誤是通向眞理的必經之路。如果我們把錯誤拒之門外，也就關閉了通向眞理的大門，這些觀點都是正確的。此外，泰戈爾也指出了眞理來之不易，它要克服重重障礙，包括主觀的和客觀的，這些障礙的剷除正是爲了避免更多的錯誤，從而獲得較爲完善的眞理。

至於談到錯誤的根源，泰戈爾回答說：「在科學上或者在我們道德行爲上的錯誤都是由於我們不能去領會全部的眞理而產生的⓬。」甚麼是全部的眞理呢？那就是無限與有限的統一。具體來說，在科學上表現爲一與多，一般與個別的統一。通過對眾多事物的觀察，以獲得事物之間的本質聯繫。如蘋果從樹上掉下來，雨水降落在大地上，你能以這樣的事實不斷勞累你的記憶，但是一旦掌握了萬有引力定律，就會獲得支配無數事實的眞理。這眞理卽反映出一與多的關係。在我們道德行爲上則表現爲人與

⓬ 泰戈爾：〈超人〉，載《人》，頁36。

人、人與神、人與大自然的和諧。把握這種內在的和諧關係，即是人生的全部眞理。所以泰戈爾說：「找到這個『一』，就會擁有一切[13]。」

既然錯誤與眞理爲鄰，那麼如何判斷甚麼是眞理？甚麼是錯誤呢？也就是說，檢驗眞理的標準是甚麼呢？泰戈爾對這個問題沒有直接回答，只是在論證個別問題時，涉及到眞理的檢驗標準，因此這些觀點往往是片面的、含糊的，甚至是矛盾的。

例如，在長篇小說《戈拉》中，泰戈爾寫下這樣一段話：

> 「眞理的正確與否，只有用它所受到的反對和阻礙才能加以檢驗，檢驗眞理的工作，也並沒有在過去的某個時代爲一批學者一勞永逸地完成；眞理必須通過它在每個時代所受的打擊和反對，被人重新發現[14]。」

根據這段話，可以得出兩點結論：

一是泰戈爾認爲檢驗眞理的標準完全取決於社會的效果，看它在社會上受到打擊和反對的情況而定。眞理的發現也同樣遵循這個原則。

二是泰戈爾否認檢驗眞理的工作必須完全依賴於學者，更不能一勞永逸地完成。

然而，這些觀點並不能代表泰戈爾的全部觀點，他在〈人格的世界〉一文中，當談到遠與近相對於靜與動的關係時，又從另

[13] 泰戈爾：〈靈魂意識〉，載《人生的親證》，頁52，1921年，德國萊比錫，英文版。

[14] 泰戈爾：《戈拉》，頁407，1959年，人民文學出版社。

一個角度說明了檢驗眞理的標準。他說:

「星宿世界的證據是簡單的，你只要擡起雙眼看看它們的面孔，你就會相信它們。它們並不把繁複的論據擺在你面前，而這就我看來，乃是可靠的最可確信的檢驗⓯。」

根據這段闡述，似乎把感覺作爲眞理的可靠依據，他相信「眼見爲實」。但是在認識論一章，我們已經談到詩人並不認爲感覺是可靠的認識途徑，而是需要求助於理性，因此在這裏顯然存在矛盾。

那麼，泰戈爾衡量眞理的標準究竟是甚麼呢？泰戈爾曾引用美國詩人惠特曼的一首詩，〈我聽見有人指控我〉，詩中有這幾句:

「我聽見有人指控我企圖摧毀制度，
但實在，我旣不維護也不反對制度，
（老實說，我與他們有什麼共同之處呢？
或者說，與它們的毀滅有什麼關係呢？）
我只不過希望在曼那哈他，在這個聯邦的內地和沿海的每一座城市裏，在田野和森林中，在行駛中的大小船隻上，
不用大厦，不用規章，不用董事，也不用任何爭端，
建立起同志式的眞誠的愛的制度⓰。」

⓯ 泰戈爾:《人格》，頁43，1985年，馬德拉斯，英文版。
⓰ W.惠特曼:《草葉集》，頁106，1944年，紐約，英文版。曼那哈他是惠特曼的家鄉。

泰戈爾認爲這首詩表明，外在的堅實而雄厚的制度，在詩人內心世界不過是一縷煙雲，彷彿並不存在；而同志之愛，雖然如飄忽不定的流動著的風雲，但在詩人內心中，這愛的制度卻比一切制度都牢固。因此泰戈爾說，只要改變我們心靈的焦距，通過調節我們的精神狀態，外部世界就會明顯地改變它們的性質。

同樣，苦行、殉道和信仰療法，泰戈爾認爲這些事實都說明精神的作用，依靠改變精神焦點，苦行被視爲狂喜，殉教被看作高尙情操，信仰療法早在人類歷史的曙光出現之時，人們就接受了這種療法的眞理性，並在實際中應用。所以價值觀念、道德標準，均取決於主觀心靈的焦距。

不僅精神世界如此，自然界的眞僞判斷標準也是這樣。例如鐵塊，由於我們的肉眼看不到鐵分子的運動，所以對我們來說，鐵塊只是一個堅硬的塊，而實際上它是一種特殊韻律的電子在不停地運動，他們之間的間隙是很大的。

以上這些例證都說明眞理的標準具有極強的主觀性，它取決於人們心靈的創造。用泰戈爾的話來說，就是在人們內心世界存在著自己的人格，客觀世界所有的事實和形狀都與這個中心人格的創造力相聯繫，因此眞理並沒有客觀標準。

關於實現眞理的途徑問題，泰戈爾作了大量的闡述，歸納起來可以從兩方面來看：

一方面是通向科學的眞理，泰戈爾認爲應該採取分析的和循序漸近的方法，他說：「在自然的王國中，我們對眞理的探求是通過分析的和科學漸近的方法⑰。」這種方法便是由淺入深，由

---

⑰ 泰戈爾：〈靈魂意識〉，載《人生的親證》，頁71，版本同前。

表及裏，由低級到高級，由片面到全面一點一點的積累起來，從而獲得較爲完善的科學眞理。例如人類對光的認識，對摩擦爲什麼產生火的認識，對地心引力的認識等，都是循序漸進的過程，最初的認識往往是片面的、浮淺的，甚至是神話式的或者完全是錯誤的，但是由於不斷追求，反覆探索，日積月累，最終總會獲得比較完全的眞理。

另一方面是通向人生和社會的眞理，泰戈爾認爲它必須通過直接的和直覺的證悟。他說：

> 「在我們靈魂中，我們對眞理的領悟則是直接的和通過瞬間的直觀。我們不能通過一點一滴的，甚至是世世代代逐漸積累的知識去獲得最高的靈魂。因爲他是全體，他不是部分的拼湊，我們只能把他作爲我們心中的心，靈魂中的靈魂去體驗他，我們只能在愛中領悟他⑱……」

這就是說，我們要獲得神、超人、大我、最高靈魂及「無限」的眞理，就必須通過自身的修煉，通過放棄而獲得，通過否定自我而證悟眞我。那麼如何才能達到此目的呢？泰戈爾認爲有兩種方法，一是「在愛中親證」，一是「在行動中親證」。爲此，泰戈爾寫了專題論文，收集在《人生的親證》一書中。

〈在愛中親證〉，泰戈爾闡明愛在本質上具有二重性，愛者總是在被愛者身上去尋求他的另一個自我，愛者與被愛者從表面上看是分離的，但是，實際上又是統一的，這正像歌手與聽眾之

---

⑱ 泰戈爾：〈靈魂意識〉，載《人生的親證》，頁71，版本同前。

間的關係，歌手當有了靈感時，他除自身之外，還要在聽眾中尋找另一個自我，聽眾是他的自我的延伸，因此愛必須包容兩者。這種愛的本質在神與人的關係上則體現為神是愛者，他將自身分為二，我們的靈魂是他的所愛者，是他的另一個自我。當這種分離是絕對的時候，我們會陷入對物的追求，因而感到慾望不能滿足的痛苦和墮入貪婪的罪惡。但是當這種分離變為愛的延伸時，我們就會回到愛者身邊，從虛假走向眞實，從黑暗走向光明，從罪惡走向純潔，愛心是連結愛者與被愛者的紐帶。

泰戈爾認為神不像眾多事物中的一種被明確地分類並保存為我們的所有物，作為對我們特別有利的伙伴用於我們的政治、戰爭、謀財圖利或社會競爭中。我們不能把神與我們的消夏別墅、摩托車或我們的銀行存款列入同一清單中。我們對神的尋求不是為了增加財富，而是為了在萬物的變化中尋求不變，為了尋求永恆之喜與萬物之喜的合一，在我們的聖典奧義書中，先知們早已告誡：「存在於宇宙中的任何東西都是被神所包容，任何享受都是神所賜予。」（《伊莎奧義書》I）所以我們要在萬物中體驗神的存在，要在贈品中領悟賜予者，體驗神所給予的愛。泰戈爾說：

> 「這種愛不僅是感情，也是眞理，是置根於萬物中的喜，是從『梵』中放射出來的純潔意識的白光。所以與一切有情合一的人，旣存在於外界天空也存在於我們內在的靈魂中，我們必須達到那種意識的頂點，那就是愛。」

並說，

「正是通過我們的意識的昇華達到愛，並將它遍及到全世界，我們才能獲得梵中之喜，共享無限的歡樂⑲。」

如何才能使意識昇華到愛的頂點呢？那就是要遵循佛陀和一切先知的教導，對任何人都不欺、不恨、不害。對眾生充滿了無限的愛，如同母親愛她的唯一兒子。當站、坐、行、臥時都將這種慈悲普善的意念牢記心中。甚至發出「寬恕你的敵人！」的指令。泰戈爾說：

「我們對他人的殘忍就是對我們自己的殘忍，造成他人低賤就是盜竊我們自己的人性，而企圖利用他人，只是爲了個人的利益，我們就只能得到金錢或安逸，卻以付出眞理爲代價⑳。」

因此爲了眞理，爲了獲得最高靈魂，我們就要放棄私我擺脫自我的沉重負擔，從而才能對梵、對他人、對大自然奉獻出無限的愛。也只有在愛中才能領悟靈魂之喜。

泰戈爾認爲愛是人類最崇高的感情，同時它也是眞理，因爲愛是以自身爲目的。其他任何事物在我們頭腦中都會提出「爲什麼」的問題，我們也都需要給它找出一個理由。但是，當我們說「我愛」時，則無須回答「爲什麼」，愛本身就是最終的回答。然而泰戈爾所說的愛是不分等級，不分種族，不分國家的泛愛。

⑲ 泰戈爾：〈在愛中親證〉，載《人生的親證》，頁176-177，版本同前。
⑳ 泰戈爾：〈在愛中親證〉，載《人生的親證》，頁181，版本同前。

實際上，在現實世界上這種愛是不存在的。泰戈爾本人對此也深有體會，英國殖民主義者從來沒有愛過被他所掠奪的印度，因此，晚年的泰戈爾面對一生所經歷過的無數悲慘事實，也不得不拋棄泛愛的幻想，以愛憎分明的感情，強烈譴責帝國主義的侵略行徑和發動世界戰爭的罪惡，並對世界各弱小民族的反抗鬪爭予以極大的同情和支持。

〈在行動中親證〉，泰戈爾闡明自由與束縛並不是對立的矛盾，脫離法則的無限制的自由並不是眞正的自由，而是狂亂的放縱。反之，如果將束縛單純看作是一種約束，那就會感到痛苦。詩人認爲正像嬰兒在母親的懷抱中，將緊緊的擁抱與歡樂融爲一體一樣，靈魂的自由正是在行動的束縛中找到了自己的歡樂。

泰戈爾說，當人類砍倒了腐朽的叢林，使它開闢爲自己的田園時，他這樣安排正是使美從醜陋的環境中解放出來，變爲自己靈魂的美。不給予這種外部的自由，他就不可能獲得內心的自由。同樣，當人類將法則和秩序貫徹到起伏多變的社會中時，他就將善從惡的障礙中解放出來，變爲自己靈魂的善。沒有這樣的外部自由就不可能找到內在的自由。這樣，人類才以他的力，他的美，他的善，他的眞正的靈魂，不斷地訴諸於行動，以求得自由。這樣做，他才能取得更大的成就，才能看淸自己是比較偉大的，自己的認識範圍才能變得廣濶。所以對於人來說，要想獲得極大的自由，必須付出行動的代價。

人類的行動包括雙重意義，一方面他迫於必要的行動，爲了免於死亡不得不解決飢渴；另一方面則是急於證悟自己的本性而行動，爲此，他心甘情願地去創造和工作。這後一種行動促使他不停地思索、探求和受苦，不斷地挑起新的社會重擔，甚至犧牲了自己的生命。這樣，他才能證明自己的本性比他表現的樣子更偉大。

然而行動的最終意義卻是爲了完全奉獻於梵，泰戈爾說：「這獻身的行動既是靈魂的歌聲，也是靈魂的自由[21]。」當自我獻身精神增長得越來越強烈時，歡樂就會支配一切，隨後便有了完美和自由，在這個世界上，上帝的王國便降臨了。

泰戈爾在強調行動的同時，也深刻批評了那些將行動束之高閣，而空談奉獻的人，他爲這些人敲響了警鐘，使他們從消沉中清醒，跟上時代的步伐，正視印度的現實，在行動中體驗神的創造之喜，獲得自身對「梵」的奉獻之喜。泰戈爾的一生正是遵循著這種原則，積極進取，不斷追求，在對人類事業的奉獻中領悟到靈魂的自由與歡樂。

---

[21] 泰戈爾：〈在行動中親證〉，載《人生的親證》，頁213。

第七章　積極進取的人生觀

泰戈爾是一位對生活充滿了激情，對大自然無比熱愛，對人生持有積極、樂觀精神的偉大的詩哲。他的一生既是辛勤耕耘的園丁，也是勇猛精進的戰士；既是舊社會的批判者，也是新社會的創造者。他爲了尋求人生的眞諦，在生活的海洋中揚帆航行八十個春秋，終於在他生命的最後時刻，看到了人類的曙光，並在總結自己一生的經歷時，深切表達了對未來的嚮往和期望。

在印度，長期以來一直存在著出世和入世兩種人生哲學的分歧，絕大多數的宗教哲學派別，如佛教、耆那教、印度教的某些支派都主張出世哲學，他們把物質世界，包括人類賴以生存的社會，看成是利那生滅的虛假幻象、空無，或者認爲人世間充滿了苦難。他們希望超脫現實，擺脫苦海，通過各種途徑的修鍊，使身心解除煩惱，達到永恆的極樂世界，或者進入精神寂滅的最高境界。例如佛教認爲世界上的事物只不過是一種因緣關係的契合，此有故彼有，此無故彼無，因此萬事萬物只是利那生滅變幻即逝的依存關係，只有達到涅槃境界才能獲得永恆常樂，所以佛教徒都把在現實社會中求不到的幸福和歡樂寄託於幻想的彼岸世界，如西方淨土。同樣，耆那教也認爲世界充滿了苦難，人生是一種繫縛，它是由人的前世行爲（業）漏入靈魂而產生。要想擺脫業的繫縛，最好的修鍊方法是苦行。如「常立舉手，或蹲地。

或臥灰土中，或臥棘刺上，或臥桿上，或板上，或牛屎塗地而臥其上，或臥水中。或日三洗浴。或一足而立，身隨日轉。如是眾苦，精勤有行❶………。」耆那教徒相信，「以苦行力能除宿業」，如果不再造新業，就會超出輪廻，求得永生。

印度教雖說是縱慾享樂的宗教，但又是自我折磨的禁慾主義的宗教。縱慾和禁慾同樣爲了達到解脫的目的，只是由於派別不同所採用的方法不同而已。而代表印度教正統思想的吠檀多不二論卻認爲世界不過是一種幻現，是眞實的「梵」通過一種魔力——摩耶——幻化出來的。世界和梵在本質上同一不二，但是世界本身卻是虛假的，它是梵的顯現或演化。所以人生追求的最高目標不應是虛假的物質世界，而是證悟「梵我同一的眞理」。通過誦讀聖典、沉思冥想、遁世苦行等方法，親身體驗小我在本質上和大我一致，這樣便會獲得偉大的靈魂和最高的幸福與歡樂。至於正統派的數論哲學，儘管他們認爲世界不是虛幻的，但同樣肯定世間爲苦海，並分爲內苦、外苦和天苦。內苦包括生理上的各種疾病和心理上的多種煩惱；外苦包括人、獸、鳥、蟲各種毒害；天苦概指自然災害。他們提出人生的終極目標是通過誦經、聞道、布施、善行，以擺脫三苦，覺知二十五諦❷，達到自在自如的解脫境地。

總之，印度的各種宗教哲學幾乎都以求得解脫的出世哲學爲

---

❶ 〈雜阿含經〉卷35。見《大正藏》卷２，頁252-253。

❷ 數論的二十五諦指宇宙構成的二十五個因素，它以神我和自性爲根本，在三德的作用下演變爲覺、我慢、五感覺器官（耳、身、眼、舌、鼻）心、五行動器官（口、手、足、排泄、生殖）五細微原素（色、聲、香、味、觸）和五粗大原素（火、空、地、水、風）。合神我與自性共二十五諦。

宗旨，他們將今生的希望完全寄託於來世或他世，這是一種悲觀、消極、逃避現實的人生觀。

與此相反，有些派別，如唯物主義的順世論和近、現代的一些資產階級哲學家，他們一般均持入世哲學，把物質世界看成是眞實的存在，認爲人生既有痛苦也有歡樂，人不能爲了擺脫痛苦而不惜將快樂完全拋棄。他們主張尋求幸福應著眼於現實和今世，絕不能寄託於虛無渺茫的來世或彼岸。如近代著名的哲學家和宗教改革家辨喜（Svāmī Vivekānanda 1863-1902）就曾說過，宇宙對於梵來說是一種相對的實在，是一種變異，而就它本身來說則是一種完全眞實的存在。他主張人生不可虛度年華，應積極投入工作中去，這正像不能等恆河水流入海洋後再渡河一樣，等待是一種浪費。

又如，著名的國大黨激進派領導人提拉克（B. G. Tilak 1856-1920）也強調人決不能脫離現實世界，決不能否定人的積極行動，他說：「爲世界服務卽是爲上帝的普遍意志服務，這是一條眞實的拯救道路，這條道路只能在世界中達到，決不能遠離世界❸。」他們人生觀的共同特點是要求深入生活，變革現實，積極行動，重視人的作用。

泰戈爾繼承並發揚了印度人生哲學中的積極因素，主張入世哲學。他熱愛生活，熱愛大自然，對人生和社會的未來始終懷著積極、樂觀、進取和追求的精神。提出要在行動中，在美中親證人和神的關係，在生活和工作中去尋求神的給予和安慰。他堅決反對隱居、遁世的逃跑主義，反對愚昧無知、對現實生活抱否定

---

❸ 參見黃心川：《印度近代哲學家辨喜研究》，頁17，1979年，中國社會科學出版社。

態度、實行非人道的苦行主義。泰戈爾認爲生命在於活動，而生命的運動又緊緊和大自然的生息聯繫在一起。他說：

「請想一想身體是如何從事於內在的活動：它的心臟必須一秒不停，它的胃、腦必須不停地工作，這還不夠，身體對外界的活動一刻也不會休止。人類的生命將自身帶入外界歡樂與工作的無止境的節奏中，它不能滿足內部組織的循環，只有在外面的漫遊中才能找到歡樂的滿足❹。」

因此在泰戈爾的作品中總是把人和大自然密切地聯繫起來，使生命的氣息和自然的活力相互襯托，彼此協調，通過自然的力量將人生帶入生活的激流。如在《春之循環》的劇本中，泰戈爾歌頌春天般的生命：

「四月已醒了，
來啊，歡樂啊，
將你們自己擲入生命的浪潮裏，
打破過去的束縛。
四月已醒了，
生命的無邊之海，
在你前面陽光的照耀下洶湧澎湃。
一切遺失都已失去，
死亡淹沒在海的波濤裏。
你心裏帶著四月的快樂，

❹ 泰戈爾：〈在行動中親證〉，載《人生的親證》，頁206，1921年，德國萊比錫，英文版。

勇敢地投入生命之海的深處❺。」

泰戈爾說，這部劇本的主題就是在每年四季的戲裏，「冬天」這位老人的假面具揭掉了，「春天」的景色極美麗的顯現出來，這樣，我們所看見的老的永遠是新的，這說明世界上的一切事物「都是變化，都是生命，都是運動」。大自然是如此，社會和人生也是如此，只有運動才能有發展與進步。

然而，在印度，有些人將這種運動和變化絕對化，認爲世界刹那生滅的不停變化，正說明它的虛幻性。對此，泰戈爾予以反駁說，正是這種可變性表現出一種永恆的眞理，卽事物中的和諧與統一。如果沒有這種眞理支配著整個世界，那麼運動和變化的世界將在不調和的衝突中停頓下來。他認爲可變寓於不變，變化本身不是一種幻現而是眞實的反映。所以他說：「我堅信：我自己一定能像熱愛並相信這個世界的人那樣活著，像人一樣死去。我旣不認爲這個大千世界是造物主的幻影，也不認爲它是魔鬼的圈套❻。」相反，他明確指出：隱居遁世，脫離現實生活的苦行、冥想，才是虛假的人生。

爲了引導人們從虛假走向眞實，他寫了劇本《修道者》，劇中描寫一位修道士自認爲已經完成了修行生活，不再有恐懼與慾望了，迷霧已經消失，感到自己的理智純潔如鏡，明亮放光，於是他走出岩洞，回到人間，試圖無動於衷，泰然自若地靜坐於這虛假的世界。但是外界生活的氣息，姑娘純潔的愛情，大自然婀娜多姿的美景，深深地吸引著他，如同被蔓藤纏繞的大樹，使他

❺ 泰戈爾：〈春之循環〉，載《泰戈爾劇作集》（一），頁72，1959年，中國戲劇出版社。

❻ K. 克里巴拉尼：《泰戈爾傳》，頁168。

無法逃脫，最終不得不拋棄修行生活，重新回到塵世。泰戈爾認爲現實生活才是唯一的眞實存在，勇於投入生活的激流才是眞實的人生。所以他在給朋友的一封信中寫道，難道還有甚麼東西比純潔的履行自己日常生活中的職責更美好和更偉大的嗎？他公開宣佈：

「不，我的朋友，如果在回響的樹陰下沒有歡樂的笑聲，
如果風裏沒有番紅花色斗篷的窸窣聲，
如果森林的寂靜不是由柔聲細語所加深，我絕不離開我的家庭，我絕不隱遁在森林的孤寂裏，
我絕不做苦行僧❼。」

泰戈爾認爲生活意味著歡樂，只有充份地體驗到生的歡樂的人們，才能永遠不會以令人沮喪的聲調談論人生的悲哀和行動的束縛，也只有他們才能竭盡全力堅持自己的生命，在生活和工作中以歡樂的姿態表現自己，如同是一位凱旋的將軍昂首闊步向著生活進軍。也只有他們才能將生命的歡樂與宇宙生機勃勃的創造協調一致，使自己的生活與日光和自由空氣的歡樂相結合，從而產生一種支配內外的美妙和諧。

泰戈爾說，人類生命的歡樂在於運動，運動則意味著人體與自然的內外之交流。同樣，人類靈魂的歡樂也在於行動，歡樂的呈現則意味著內外之均衡，不僅僅接受還要給予，所謂給予便是將自己完全奉獻於「梵」。那麼，如何才能實現這種無私的奉獻

---

❼ 泰戈爾：《園丁集》第43首。1983年，上海譯文出版社。

呢？泰戈爾總結出在印度流行的三種不同觀點：一是通過內觀去親證「梵」而不考慮外部行動的作用；二是通過內心的愛去享受「梵」的給予而不以外部的侍奉去禮拜它；三是只重視外部的禮儀而否定內心的修鍊。泰戈爾說：「他們在探求人生的道路上都只重視一個方面而忽視另一個方面，如果這樣的話，我們就會步履蹣跚，最終走向滅亡[8]。」他認爲要親證「梵」既不能像西方人一樣完全陶醉於權力，強調掠奪性的行動和發展，也不能像印度人一樣只偏愛自己的內觀世界而否定實際行動的作用。眞正的證悟途徑是在內外之間保持力的均衡。一方面要受法則的束縛，積極投身於行動；另一方面要在行動中體現靈魂的自由與歡樂。「這就是說，靈魂通過它的全部活動將自身奉獻於梵，這獻身的行動既是靈魂的歌聲，也是靈魂的自由[9]。」所以泰戈爾積極主張要在行動中親證「梵」，「梵」不在天邊，也不在廟堂，他就在我們身邊，只要在日常生活中盡到自己的職責，這就是對梵的最好奉獻，通過這種奉獻的行動，也就獲得了靈魂自由的歡樂。他在《園丁集》裏曾這樣寫道：

「在半夜裏，那個自封爲苦行僧的人宣告道：

『這是我拋棄家庭出去尋找上帝的時候了。啊，是誰使我羈留在這裏迷惑不悟如此之久呢？』

上帝輕輕說道：『是我』，

然而這人的耳朵是閉塞的。

---

[8] 泰戈爾：〈在行動中親證〉，載《人生的親證》，頁 207，版本同前。

[9] 泰戈爾：《人生的親證》，頁213，版本同前。

他的妻子懷裏抱著睡熟的嬰兒躺在那裏，
恬適地睡在床的一邊。
那人說：『你們，愚弄我如此之久的，
是誰呢？』
那聲音又道：『是上帝啊』，
可是他聽不見。
嬰兒在睡夢中啼哭，緊偎著他的母親。
上帝命令：『站住，傻瓜，不要離開你的家。』
但他還是沒有聽見。
上帝歎息而埋怨：『爲什麼我的僕人背棄了
我而又到處雲遊尋找我呢⑩？』」

這首詩正是表達了泰戈爾主張在日常生活中以行動——應盡的社會和家庭職責——奉獻於神的思想。

泰戈爾堅決反對隱居遁世的逃跑主義，他說，你逃了又逃，直到逃入空無的境地，難道就能和神相會嗎？不！想逃跑的懦夫，你無論在任何地方也不能找到神，因爲神就在你身邊。並且說：

「在我們印度，有一些在他們的生活中將『我是他』的哲學轉變成絶對地不行動和麻木不仁的隱士們，他們爲了超越動物生存的界線而折磨肉體；他們還以固執的禁欲和超脫人性來放棄獨立的人的職責；他們拋棄依附於物質的

⑩ 泰戈爾：《園丁集》第75首，版本同前。

我；他們也無視與所有的靈魂結合在一起的靈魂；他們稱之爲『無限』的並非是奥義書中的伊莎（Iṣa神），伊莎寓於一切人的聯合中，他們的『無限』卻脫離了所有的人，因此沒有任何行動的責任⓫。」

但是，印度所以停滯不前陷入可怕的僵死的境地，也正是由於這種懶散的、痲木不仁的惰性長期威脅著印度人的生命。

從上面的言論和對人生與社會所抱的態度，說明泰戈爾的人生觀普遍反映了印度社會上層人士要求積極參與國事和政治生活的願望，他們不滿足現狀而且要改變現狀，試圖將自己的願望變成行動，結束長達數百年的殖民統治。正是在這種信念的指導下，泰戈爾作爲一位偉大的詩哲和社會活動家，對印度的民族獨立運動做出傑出的貢獻，爲印度民族的覺醒獻出了自己畢生的精力。

從以下泰戈爾人生觀的轉變過程，可以進一步看到他的一生的確是積極進取的一生，是不斷追求，不斷探索的一生。他對人生和社會所抱的態度，也正是他自己畢生行爲的指導思想。早年，泰戈爾深受家庭影響，正如他自己所說：「那裏既有層出不窮的新理想，同時又有非常古老，甚至比我們常常誇耀的年代還要古老的東西⓬。」一方面是受三大運動新思潮的衝擊，即羅姆·摩罕·羅易的宗教改革運動、班吉姆·錢德拉·查特吉的新文化運動和印度的民族獨立運動。這三大運動的領導人都曾是泰戈爾家庭的貴賓。另一方面，古老的奥義書中的哲學和社會倫理

⓫ 泰戈爾：〈我是他〉，載《人》，頁50，1965年，安德拉大學，英文版。

⓬ 《一個藝術家的宗教觀》，頁6，1989年，上海三聯書店。

思想、梵文文學的精華、《薄伽梵歌》的教誨和毘濕奴教派的虔誠都給他留下了不可磨滅的印象。因此，泰戈爾從小就培養了獨立思考的習慣，以獨特的思想和心靈來建設自己的世界，用自己內在的判斷標準去表達自己的思想。所以納羅婆尼說：

「儘管他只受過八年正規教育，他仍然是一個驚人的博學者，他的許多思想都受到了被他消化過的各種思想的影響，這不僅形成了他自己的世界觀，而且也提供了一種重要的綜合材料⓭。」

的確，泰戈爾在少年時代就將這許多思想融爲一體，開始在探索人生的道路上追求眞、善、美的統一。

他的青年時代由於廣泛接觸英語和英國文學，後來又曾兩次赴英學習，因此深受英國十九世紀自由主義和人道主義思想的影響。他曾回憶說，當時

「白天也好，晚上也好，在孟加拉知識階層中大量談論的是伯克莊嚴堂皇的演說，麥考利波瀾壯潤的文章。他們討論的中心也是莎士比亞的戲劇、拜倫的詩歌。對十九世紀英國的政治思想——寬容的自由主義——尤其熱心⓮。」

並且說，作爲一個在英國居住的留學生，我有機會在議會內外聽

⓭ V. S. 納羅婆尼：《泰戈爾導論》，頁 30，1977年，馬德拉斯，英文版。

⓮ 參見泰戈爾：《文明的危機》，頁11，1978年，加爾各答，英文版。

到約翰·布賴特的演說⑮，由於他的演說寬容大度，充滿了激進的自由主義精神，超出了狹隘國家界限，深深地打動了我的心。這些切身的經歷和體會，使泰戈爾在青年時代對西方的自由主義和人道主義發生了強烈的興趣。從此他著手於對人、人性和人道主義的研究，並將這種人道主義與各種宗教教義相結合，進一步在印度古代聖典中尋求依據，從而建立起泰戈爾自己的關於「人」的學說。他的人生觀也逐漸確立爲一個虔誠的人性和人道主義的崇拜者，這種思想一直支配著他的整個中年時期，直到晚年才深有醒悟。

1934年，卽泰戈爾去世前七年，他曾在安德拉大學作了三次系列演講，題目爲〈人〉、〈超人〉、〈我是他〉，從中可以剖析泰戈爾關於人和人道主義思想的精髓。

首先，泰戈爾考察了人與動物的區別，提出人和動物有本質上的不同，動物的本性只是滿足於生命的直接需要，它們的一切活動僅僅是爲了維持和延續種族的生命，當生命受到威脅時，本能地就會進行自衛和攻擊，動物不存在道德概念。但是當生物進化的過程發展到人的階段時，宇宙便產生了眞正的差異，開始從肉體的需要轉向精神，因爲人不單純是動物的人，而且超越了動物。在人的本性中最重要的方面，表現爲精神上的需求，他要求宏偉，要求榮譽和自我顯現。泰戈爾說，卽使是野蠻人，他也要充分表現自己。如他刺穿自己的鼻子，在鼻內穿上一根小棍子；他忍受著痛苦，磨尖自己的牙齒；他們將嬰兒的頭夾在兩塊木板中間使它變形；他們製作各種奇怪的袍子和首飾，強忍著痛苦和

⑮ 參見泰戈爾：《文明的危機》，頁12，版本同上。

不適將它戴上。所有這一切都是試圖表明他們內在的心靈比外表的樣子更偉大，表明他們具有內在的，超越動物的宏偉的人性。至於文明人，泰戈爾認爲他們同樣也要以不同的方式表現人性的偉大，在印度就常常看到有人做出各種奇怪的姿式進行鍛練，如將手臂舉起久立不息，睡在荆棘上安然不動，或者頭朝下倒懸在烈火上。這些顯然是違背人道的，但是他們卻認爲實行這樣的苦行就是表現人性的偉大和靈魂的高尚。

然而，泰戈爾與此不同，他認爲人性的偉大之處不在於折磨肉體，實行絕對的禁慾主義，而在於發揚人性中的普遍人的思想，也就是培養人中之超人的概念，樹立超人的品德。

那麼，什麼是超人呢？泰戈爾說：

「一個人在他個人精神上所感覺到的痛苦和愉快這種事實，在普遍精神中是否也能感覺到呢？這個問題已經被提出來了，如果我們稍事注意就會發現，在自我範圍內的愉快和痛苦已經轉到普遍精神的範圍。爲了眞理，爲了國家和人類的利益而獻出自己生命的人，以及將自己的思想，對照廣濶的思想背景，發現個人的幸福和不幸，對他來說已經改變了它們涵義的人，這樣的人很容易放棄自己的幸福，並且由於承受了痛苦而超越了自身。在追求私利的生活中，愉快和痛苦的精神負擔是很大的，但是當人超越了自我利益時，他感到他所忍受的這種負擔是如此的輕，以致當他面臨最大的痛苦時，他的寬容可以不顧最大的侮辱，這對我們來說，似乎就是超人⑯。」

泰戈爾進而舉出超人的典型代表，也就是那些爲眞理而獻身的人。如天文學家哥白尼，他不顧教會的禁令，公然宣稱：「地球圍繞著太陽旋轉」，他通過自己的理智揭示出普遍人的思想，最終爲眞理而獻身，又如宗教改革家羅摩難陀，他敢於放棄婆羅門的最高種姓，和織布工伽比爾、清掃工路易·達斯站在一起，當時的社會儘管將他貶爲賤民，但是爲了獻身宗教改革事業，他的行爲眞正上升到最高種姓，即普遍人的種姓。此外，耶穌和佛陀，泰戈爾認爲也都是眞正的超人，因爲他們爲了實現眾人的愛和善而奉獻出自己的一生。

泰戈爾在分析這些超人、聖人或普遍人的共性時，進一步指出，他們在自己的人性中所包含的核心思想就是：不只要求「獲得」，更重要的是要求「給予」，「取與給」這是矛盾的統一，如果沒有這種統一，宇宙即將趨於毀滅。在《春之循環》中，泰戈爾明確表示：

「世界的呼聲不只是『我有』，而且還有『我給』。在最早出現的創造之光中，『我有』便與『我給』結合了。這種結合如果破裂了，宇宙萬有便要毀滅了⑰。」

他還編寫了一首詩歌，專爲讚美人性中所包含的這種高尚的「給

⑯ 泰戈爾：〈超人〉，載《人》，頁40-41，1965年，安德拉大學，英文版。

⑰ 泰戈爾：〈春之循環〉，載《泰戈爾劇作集》（一），頁58，1959年，中國戲劇出版社。

予」品德。他寫道:

「你給鳥兒唱歌，鳥兒以歌聲回報。
你只給我聲音，你卻要求更多，
於是我唱了起來。
你創造了大地，以散射的光束
瀰漫了它的陰影，
在那裏，你停止了，你留給我一雙空手
在塵世上去建造你的天堂。
你向我要求所有的東西，除了你所賜予的。
我的生命在陽光和雨露中成熟結果，
直到我收穫比你播種的更多。
啊！金色谷倉的主人，
你盡情地歡樂吧⑱！」

這首詩表明人的唯一特性就是他「給予」的要比他「得到」的更多，他收穫的甚至比神播種的更多，人正是由於蘊含「給予」的品德，他才能上升到超人，使人性上升爲神性，使小我和大我結合爲一體，從而眞正體會到靈魂自由的歡樂，獲得喜中之喜。泰戈爾爲了進一步闡明這種思想，在《人生的親證》中，他作了具體的說明，他說，神的本性是「給予」，他的歡樂就在於他的創造活動，給予就是一種創造。人應該體現神的意志，因此人的歡樂也在於給予，即表現爲人的創造活動。所以說詩人的歡樂在他

⑱ 《採果集》，由泰戈爾自己譯成英文。

的詩中，藝術家的歡樂在他的藝術中，勇敢者的歡樂在他的膽量外溢中，聰明者的歡樂在他對眞理的辨別力中。

總之，泰戈爾認爲超人是人性善的最高表現，超人的重要特徵是在「給予」中獲得靈魂的自由和歡樂，在各自的本職工作中奉獻出自己的一切，使個人的聰明才智變爲一切人的財富，使個人利益服從全人類的利益。只有這樣才能親證「梵我同一」的最高眞理，從而獲得人性和神性的和諧，使人生步入無限歡愉的境界。

既然人性中蘊涵著偉大的超人，泰戈爾相信人類之愛必然存在，因爲超人意味著寬容，即在個人的靈魂中包含著所有人的靈魂。他認爲如果說今天在世界範圍內還沒有實現這種愛，那麼總有一天肯定會實現，因此他祝願說：

「願全人類幸福，永無仇敵，
　願他們堅不可摧，在歡樂中生存，
　願一切活著的人擺脫苦難，
　願他們應得的權益不被拒絕⑲。」

但是，這種願望如何實現呢？如何才能實現人類之愛呢？在泰戈爾看來，最好的選擇是推行人道主義思想。

他回憶說，在印度民族獨立運動的嘗試中，印度的領袖們總是期待著殖民者會自動地爲被征服者舖平通向自由的道路，這是因爲他們對英國人的寬容精神並未失去信心，他們看到

⑲ 泰戈爾：〈我是他〉，載《人》，頁60。

「當時的英國爲所有受到本國迫害而被迫逃亡的人提供避難所。卽，爲了人民而進行奮鬪的各國的政治犧牲者們，受到了英國人熱情的庇護。我爲英國人格中這種人道主義精神的證據而感動，對此，我向他們致以最高的敬意⑳。」

由於泰戈爾深受歐洲文學和英國政治思想的影響，他相信人性的偉大、崇高和讚美人道主義精神，這是必然的。所以在他的演講中一再讚揚「要寬恕你的敵人」、「要建立我是他的哲學」，「任何形式的惡，其本質也是暫時性的」，「除非我們對人類有愛，否則我們絕不能對人有正確的認識」。他強調要在愛中證悟人性可以上升爲神性的眞理。他所崇尚的人道主義已經不完全是西方的人道主義，而是披上了印度聖典的外衣，以吠陀、奧義書、法論和佛經的教誨來宣揚仁愛、慈悲、寬容和忍讓的思想。

然而，在現實社會中，這種抽象的人性善，這種無差別的普遍愛是不存在的，它只能是一種幻想和願望。正因爲如此，所以面對帝國主義的侵略鐵證，泰戈爾就對自己的信念產生懷疑和動搖了。他說，早年由於家庭自由空氣的影響和愛好英國文學的素質，我在不知不覺中把英國人當作心目中理想的典範，這樣度過了人生的早期歲月。但是，其後不久，當我逐漸認識到這些享受文明最高眞理的人們，當事情涉及到他們自己國家的利益時，便會如此輕易地將這些眞理棄置一邊，這使我產生一種痛苦的幻滅感。最後，當赤裸裸的事實在嚴酷的光照中顯露出來時，我不得不從單純的文學欣賞中醒悟過來。印度民眾悲慘的貧困攪亂了我

⑳ 泰戈爾：《文明的危機》，頁12，版本同前。

的心，我從長時間的迷夢中驚醒，開始感覺到，恐怕無論哪個近代國家，在生活的必需品方面都不像印度這樣匱乏，而就是這個國家的資源長期以來支撐著英國人的財富和威嚴。當我沉浸在這偉大的文明世界的魅力中時，我無論如何也想不到這偉大的人道理想，竟會以如此淒慘的滑稽戲告終。但今天，這證據卻是如此明明白白地擺在這裏，所謂的文明人，對於印度人民的福利竟是如此地漠不關心和蔑視。

到本世紀三十年代末，當泰戈爾親眼目睹了帝國主義發動的第二次世界大戰之後，他所崇拜的偉大的人道主義，已由幻滅發展爲徹底否定，他說：「我曾經相信文明之泉是從歐洲的心臟流出的，但是，在今天我卽將告別這個世界的時刻，我的這一信念已完全破滅了[21]。」

這就是泰戈爾的人生觀，他在追求眞理的人生旅途上，是不倦的探索者。當他對西方現代文明，對偉大的人道理想失去信心，美妙的幻想破滅後，他又在迷途上發現了人類進步的新的曙光，俄國十月革命的勝利，展現了社會主義的美景和勞動人民推動歷史發展的偉大作用。泰戈爾以極大的熱情注視著俄國人民在革命勝利後建立起的新的社會和蘇維埃國家。1930年，他最初訪問俄國，對蘇聯新制度倍加讚賞，他說：

> 「看到西方國家靠科學的力量使難以做到的事情做得到時，我心裏是佩服的，然而看到了這兒所進行的偉大的事業，我才感到了最大的驚異。……我在這兒看到，這些人鋪

---

[21] 參見泰戈爾：《文明的危機》，頁22，版本同前。

平了無邊無際的田野，齊心合力要建造一個新世界㉒。」

他認爲印度人民沒有絲毫必要去害怕和擔心俄國革命，相反，應該爲它的勝利感到歡欣鼓舞。

1941年，泰戈爾逝世前三個月寫的一篇文章中再次讚揚了社會主義的蘇聯㉓。他說，他曾目睹蘇維埃如何與疾病、文盲作鬪爭，如何消除了愚昧和貧困，在他們的領土上掃除了屈辱、徹底拋棄了人種偏見，蘇聯人民的建設熱情，給泰戈爾留下深刻印象。他比較了兩種政治體系，一種是建立在合作上，另一種是建立在剝削上，他認爲印度本來完全可以爭取與現狀完全相反的情況，改革社會制度，建立合作體制。由此可見，在泰戈爾的晚年，他長期形成的人生觀已經動搖，他的思想發生了很大的變化，他痛感西方文明的危機，而嚮往人類社會中的新生力量。

對於勞動人民的態度，泰戈爾早先只有憐憫與同情，十九世紀末至二十世紀初，他曾寫了大量短篇小說，這是他這一時期生活在孟加拉農村與廣大勞動人民直接接觸的成果。他在這些小說中從不同角度反映印度社會存在的各種問題，對於貧賤的農民尤其是婦女的悲慘命運給予極大的同情。在泰戈爾筆下，有可憐的啞女素芭；被迫害的使女蓓莉；抱子投井的妓女卡希洛；被迫殉葬的寡婦摩訶摩耶；還有勞累致死的織布工邦希博頓等，這些都是泰戈爾短篇小說中的主人公。當時的泰戈爾是以祖傳財產管理人的身分去接觸這些處在社會底層的勞動者的，他只是以寫實的

㉒ 泰戈爾：〈俄國書簡〉，載《譯文》，1955年11月，頁19，（金克木譯）。

㉓ 泰戈爾：《文明的危機》，頁16-17，版本同前。

手法，客觀地描繪了印度農村的淒涼畫面，反映民族矛盾和社會矛盾的現實，看不到這卑賤者自身的力量，也沒把自己和他們的命運聯結在一起。

到了二十世紀三十年代以後，他逐漸意識到自己和勞動大眾之間存在著思想上和感情上的藩籬，為此而感到羞愧，他寫道：

「我坐在涼臺上看著這年輕的女人一小時一小時地不斷地勞作。當我覺得這女人的服務是神聖地注定爲她所愛的人們的，而它的莊嚴被市價汚損了，竟被我藉著幾個銅錢的幫忙把它掠奪了，我的心感到深深的羞愧㉔。」

1941年，這是泰戈爾生命的最後一年，此時他已經深刻地認識到勞動人民在推動社會歷史的進程中所起到的偉大作用。在〈勞動者〉長詩中，他回憶歷史：

「世代以來一行列的人以征服的驕傲的速度穿過悠長的『過去』。
帝國慾的帕坦人來過了，
還有莫臥兒人；
勝利的車輪
揚起形形色色的塵土；
得勝的旗幟翻飛。
我望著空虛的路上，

㉔ 泰戈爾：〈山達爾女人〉，載《泰戈爾選集・詩集》，頁138，1958年，人民文學出版社。

今天看不見了他們的遺跡。

……

沿著鐵軌，在噴火的車上，

又來了強悍的英國人，

散佈著他們的活力。

通過他們的道路也將湧過『時光』的洪流，

捲走這遍地的帝國的密網。

他們的軍隊帶著商品，

在星空的空虛路口

將不留下一點印記。」

泰戈爾看到：在這無數帝國的廢墟上，只有勞動羣眾才是長存的勝利者。所以他接著說：

「當我在這大地上舉目四顧，

我看見許多羣眾，

紛亂的移動著，

在分歧的路上三五成羣

從世紀到世紀，

被人類的生和死的日常所需驅策著。

他們，永遠地

打著槳，掌著舵；

他們，在田地裏，

播種、收割。

他們不停地勞動著。」

帝國的興衰已成為歷史，而勞動人民的辛勤勞動卻永世長存：

「王笏破裂了，戰鼓也不再敲；
勝利的柱子崩裂，癡呆地忘掉了
自己代表的意義；
血斑的武器，血紅的眼睛和面龐
把他們的記錄隱藏在兒童的故事書裏。
……
在安伽、在般伽、在羯陵伽的河海石階邊，
在旁遮普、孟買和古甲拉特。
億萬的雷霆般嘈雜的聲音
日夜交織在一起，
形成這偉大世界生活的共鳴。
不斷的憂傷和快樂夾雜在
高唱的生命偉大的頌歌中。
在千百個帝國的廢墟上，
他們不停地勞動著㉕。」

同年，他還發表了《生辰集》，其中第10首，這樣寫道：

「最難到達的是人們的心靈深處，
它不能以時間和空間來衡量。
這最深奧的秘密

㉕ 泰戈爾：〈勞動者〉，載《泰戈爾選集・詩集》，頁175-177，版本同前。

只能通過心靈與心靈的接近才能瞭解。
我還不曾找到走進人們心靈的門路，
我的生活的藩籬限制了我。
農民在田間揮鋤，
紡織工人在紡織機上織布，
漁民在撒網——
他們形形色色的勞動散佈在四方，
是他們推進整個世界在前進。
從我上等地位的祭壇上，
從我榮譽的永久流放所的窄小窗口，
我並不能全部看到他們。
有時我也曾走近他們住所的圍牆，
卻沒有那種勇氣跨進他們的院子。
如果一位詩人不能走進他們的生活。
他的詩歌的籃子裏裝的全是無用的假貨。
因此，我必須羞愧地接受這種責難——
我的詩歌的旋律有著缺陷。
我知道，我的詩歌，
雖然傳播四方，卻沒有深入到每個角落。
因此，我在等待著一位詩人——
他是農民生活中的同伴，
他是他們工作、談話中的親人，
他和土地更加親近。
在文學的盛宴中

讓他來貢獻我不能奉獻的一切[26]。……」

從這首詩我們看到，泰戈爾作爲一位世界聞名的偉大詩人，印度人民尊敬的「師天」（Gurudeva），他是那麼謙虛、嚴肅，以孜孜不倦的探索精神對待人生，並嚴格審視了自己畢生的事業。直到晚年，在他即將告別人世的時候，他還說，世界上還有許多事物他不瞭解，而最使他感到不安的是他沒有走進勞動人民的心靈。他深深懂得阻礙他和勞動人民接近的原因是由於彼此所處的社會地位不同，他爲自己屬於上等社會而感到羞愧，也爲自己得到的榮譽深感不安。因爲榮譽和地位限制了他的眼界，禁錮著他的天地，使他沒有勇氣跨進勞動人民的院子。

在他審視自己的作品時，他覺悟到如果自己的詩歌不能反映工人、農民的生活，那麼他的詩全是無用的假貨。這一切都說明泰戈爾不但已深刻認識到「是他們（勞動人民）推進整個世界在前進」，而且已經將自己的命運和勞動人民的命運緊緊結合在一起。但是生命給予他的時間已經來不及去彌補自己的不足了，所以他希望未來的詩人能實現他的願望，成爲勞動人民的親人，能夠喚起勞苦大眾的覺悟。泰戈爾熱情期待，衷心歡迎人民詩人的誕生。

從一個西方人性和人道主義的崇拜者逐漸轉變爲一個社會主義的同情者；從對勞動者的同情和憐憫逐漸轉變爲對勞動平民的歌頌和熱愛。這就是泰戈爾人生觀的進步歷程，也是他受到世界各國人民熱烈擁護和衷心愛戴的重要原因之一。泰戈爾是文思雋

---

[26] 《泰戈爾作品集》（二），頁173-176，1961年，人民文學出版社。

永字字珠璣的偉大詩哲，也是追求眞理、熱愛生活，以積極進取的精神對待人生的典範。

第八章　愛國主義和「世界公民」

泰戈爾是一位偉大的愛國主義詩哲，也是一位偉大的「世界公民」、國際主義戰士。他的愛國主義思想表現在：關心祖國的前途和命運，痛恨並敢於反抗一切掠奪和壓迫祖國人民的敵人，同情人民的疾苦，尊重祖國的歷史，爲自己國家的優秀文化感到自豪，爲社會上存在的一切惡習和弊病感到痛心，並勇於開展鬥爭。他的國際主義思想表現在：要求各民族之間的眞正平等和自由，反對大國沙文主義和民族利己主義，維護世界和平反對世界戰爭，主張建立各民族之間的合作和團結，尤其是促進東西方之間的交融，同情並支持被壓迫民族的獨立運動。他的國際主義和愛國主義思想是緊密相連的。

1861年泰戈爾誕生之際，印度正遭受著英國殖民主義者的蹂躪，當時英國維多利亞女王已在四年前正式宣佈爲印度女皇，印度完全淪爲英國的殖民地。英國的官吏、商人和士兵可以在印度領土上自由居住，他們肆意掠奪和壓榨印度的資源和財富，這一切在泰戈爾幼小的心靈上刻下深深的傷痕，使他從小便感受到祖國喪失獨立的痛苦和恥辱。長大後進入社會，這種國家淪亡，民族屈辱的感觸與日俱增，萬分悲憤，因此，他的愛國主義思想一開始便表現爲對帝國主義的憎恨和對印奸走狗賣國賊的鄙視。

1894年，他發表短篇小說〈太陽和烏雲〉，其中描述一個英國輪船經理爲了尋開心，開槍擊沉印度漁船，一位正直、愛國的大學生沙西布山當時目睹了這一事件，他出於不平和憤恨告到官府，結果英國經理逍遙法外，漁民未得賠償，沙西布山自己反而遭到不幸。泰戈爾悲憤地諷刺道：

「經理爲什麼要這樣做，很難說，我們孟加拉人不大能理解大人先生心裏的想法，……但是，有一點，我是肯定的，就是這個英國人相信，他絕不致因爲開了這個小玩笑而受到處分，他認爲這些把船丟了，並且有可能把性命也丟了的人，並不能算是人❶。」

在另一篇短篇小說〈履行了的諾言〉中，同樣表現了這種思想，他通過描寫一位手工紡織工人邦希博頓爲了給弟弟洛希克積攢五百盧比聘金和一輛自行車終身勞累致死的悲慘故事，揭露了由於英國機器工業的侵襲和殖民主義政策的摧殘，使印度農村破產和傳統的紡織工業瀕臨危機的狀況。泰戈爾說：

「鋼鐵的魔鬼突然從海外襲來，用噴出火焰的利箭，擊敗了孤立無援的織布機，把餓鬼送進了織工的家庭，同時在工廠的煙囱裏用蒸汽的嘯聲演奏著它的勝利的進行曲❷。」

---

❶〈太陽和烏雲〉，載《泰戈爾作品集》（三），頁29，1961年，人民文學出版社。

❷〈履行了的諾言〉，載《泰戈爾作品集》（四），頁109，版本同前。

在這裏，泰戈爾把英國視爲海外襲來的魔鬼，是他們把餓鬼送進印度織工的家庭。1912年當這篇小說發表時，正是第一次世界大戰的前夕，戰前各帝國主義國家進一步加緊對殖民地的控制和掠奪，英國在印度不但修築了大批鐵路，而且直接控制許多重要經濟部門，如礦山、石油、黃蔴加工等，作爲印度民族工業的棉紡織廠，英國資本佔到三分之一，印度的貿易出超不斷增加，大部分都是輸出到英國的原料。農村經濟惡化，大批農民破產，城市工人也日趨貧困。英國對印度的經濟掠奪和政治壓迫，泰戈爾除了在他寫的許多短篇小說中予以揭露和控訴，還用象徵性的手法寫了劇本《紅夾竹桃》，劇中國王象徵著西方的暴力、貪婪和殘忍，他把礦工們視爲奴隸，強迫礦工拚命掘取黃金，爲了滿足自己貪得無饜的慾望，幾乎榨乾了工人的血汗，國王還擡來兩名幫兇：工頭和牧師，用皮鞭和《聖經》來對付工人的反抗。和國王勢力對立的一方是象徵自由的美女南提妮，她以滿腔熱情和頑強的鬭志，以堅貞不渝的愛和純樸的善，喚醒工人的覺悟，同國王展開鬭爭，最後終於取得勝利。劇本體現了泰戈爾反對帝國主義的思想，其中有這樣一段對話：

「南提妮問教授：爲什麼國王對礦工這樣仇恨？

教授回答：只有這些小人物化成了灰燼，那些大人物才能像火焰似的跳躍，這就是一切變爲偉大的成功者所依據的原理。

南提妮說：這是一種殘暴的原理。……難道他們這麼日夜守著害人的陷阱，就能使自己生存得幸福嗎？

教授回答：根本就沒有什麼『幸福』——只有『生存』，

他們的『生存』已經擴展到這麼可怕的地步，要不強迫千百萬人去服苦役，誰能負起它的重量？……別人必須死，好讓他們自己活——其實眞正能活的只是他們，你可以大聲反對說，這太不人道，可是你在憤怒中忘了，人道就是這樣的呀。老虎並不吃老虎，只有人才用人來養肥自己❸。」

在這裏，泰戈爾嚴厲譴責了欺小凌弱的強盜邏輯，他借教授之口揭露帝國主義的所謂幸福是完全凌駕於千百萬人的痛苦之上的，他們所講的人道正是連野獸還不如的獸道。泰戈爾說：「他們心裏有一頭很大的野獸，所以他們才不會因人們受辱而低下頭來，相反，內心裏的那頭野獸倒會因看見人們的滅亡而得意地把尾巴搖來搖去❹。」從這些形象的語言裏，我們會看到一頭兇猛的野獸正盤踞在累累白骨之上，它爲滿足食慾而顯出一幅得意忘形的畫面，這便是泰戈爾懷著滿腔憤恨爲侵略者所勾畫的嘴臉。遺憾的是，劇本的結尾卻把貪婪、殘忍的國王賦予了叛逆者的形象，他竟能與礦工們聯合起來，打翻這吃人的法網。這說明在泰戈爾內心仍然充滿了矛盾，他痛恨帝國主義而又對之抱有幻想，他對人道主義產生動搖和懷疑，但又相信人性的偉大，這正是詩人靈魂中不同色彩火花的反差。

除短篇小說和劇本外，在長篇小說《戈拉》中，泰戈爾也駁斥了英國傳教士對印度社會的攻擊和侮辱，並通過戈拉的長兄摩

---

❸ 〈紅夾竹桃〉，載《泰戈爾劇作集》（二），頁81-83，1959年，中國戲劇出版社。

❹ 〈紅夾竹桃〉，載《泰戈爾劇作集》（二），頁90。版本同前。

希姆之口揭露帝國主義的豺狼本性，說他們撒謊的本事高人一等，只要需要，他們無所顧忌，「這幫強悍的傢伙，卽使在他們打家刼舍的時候，當場抓住他們，他們也不會低頭自愧，相反，還會裝出一副淸白無辜的樣子，甚至舉起鐵橇來打你❺。」泰戈爾譴責這夥強盜，說他們:

「自恃有力，不肯承認各民族間的差別對於全人類具有難以估量的價值，他們以爲人類最大的福份就是由他們來征服世界上一切別的民族，把那些民族置於他們不容爭辯的支配之下，從而使全世界遭受奴役❻。」

小說在譴責英國殖民主義的同時，也對那些在主子面前搖尾乞憐的哈巴狗大加嘲諷，泰戈爾筆下的哈倫就是奴才相十足的英國走狗，他在英國縣長面前媚態百出，罵戈拉沒有吸收英國文化的精髓，說他反對英國政府是忘恩負義。哈倫認爲英國在印度的統治是神意的安排。泰戈爾對哈倫式的人物極爲鄙視，他曾這樣挖苦他們說:「他一生航行在宦海裏，把哈腰點頭作爲雙槳」，在英國人面前「腦袋就如風裏搖曳的南瓜一般❼。」泰戈爾痛恨這些民族的敗類，外國的奴才。所以當1919年發生了震驚世界的阿姆利則慘案之後，泰戈爾立卽給英國總督寫信，聲明放棄自己的爵位，他願意和平民站在一起，共同承擔民族的痛苦，共同抗擊入侵的敵人。因此印度人民欽佩自己詩人的勇氣，在白色恐怖下他

❺ 泰戈爾:《戈拉》，頁24，1959年，人民文學出版社。
❻ 泰戈爾:《戈拉》，頁350，版本同前。
❼ 〈加晃〉，載《泰戈爾作品集》（四），頁80，1961年，人民文學出版社。

們受到愛國精神的極大鼓舞，泰戈爾不愧是印度人民所愛戴的偉大的愛國主義戰士。

在泰戈爾的詩歌中反帝思想更爲鮮明，1900年前後，他採用歷史題材，借古喻今，發表一系列讚頌民族英雄反抗外族侵略的《故事詩》，在這些詩中他痛斥帝國的殘暴，歌頌英雄的無畏，號召人民「去推翻暴君，重整江山，去把侵略者的胸膛用利劍刺穿[8]。」在《被俘的英雄》一詩中，泰戈爾愛憎分明，他一方面揭露了劊子手殘忍兇惡的面目：

「一天一夜裏，一百個英雄的一百個頭顱落了地。
七天七夜裏，七百個生命在刀下完結。
……
劊子手把般達的兒子拉在般達身邊，
說：『殺了他！用你自己的手把他消滅。』
……
劊子手用燒紅了的火箸扯碎了般達的身體。」

另一方面泰戈爾又用崇敬的心情熱情歌頌了錫克教領袖般達的英雄氣概和臨危不懼的大無畏精神：

「匕首緊握在手中，
般達凝望著孩子的面孔。
他悄悄地在孩子的耳邊說：
『高呼一聲，古魯琪萬歲！

[8] 《泰戈爾選集・詩集》，頁276，1958年，人民文學出版社。

我的好兒子，害怕的不是錫克教的英雄！』

……

英雄屹立著死去——

不曾發出一聲痛苦的歎息[9]。」

在泰戈爾筆下崇高和渺小，慈愛和殘忍形成鮮明對比。在他的《故事詩》中，正像譯者所說，有不願把土地獻與敵人而寧可犧牲性命的將軍；有不畏強暴的公正的審判官；有與異族統治者作頑強鬭爭視死如歸的男女英雄們[10]。泰戈爾正是通過這些可歌可泣的戰鬭故事，表達了自己對侵略者的憤恨，同時也希望喚醒同胞的覺悟，鼓舞民族的鬭志。

1914年，當第一次世界大戰爆發後，泰戈爾再次寫出譴責強盜行徑的詩篇，他高呼：

「他來了，右手執劍，左手拈花。

他闖進你的門來。

他來不是求乞而是戰爭和征服。

他闖進你的門來。

他穿過死亡的道路進軍到你生命之中。

他奪取了你的一切所有，永不以取得部份為滿足。

他闖進你的門來[11]。」

---

[9] 《泰戈爾選集·詩集》，頁265-267，版本同前。

[10] 《泰戈爾選集·詩集》，頁311，譯者石眞，〈故事詩譯後記〉，版本同前。

[11] 《泰戈爾選集·詩集》，頁71，版本同前。

泰戈爾通過這首詩告誡人們，要警惕帝國主義的侵略和戰爭，他們左手拈花，那是騙人的手段，眞正的目的是右手執劍，進行征服和瓜分。泰戈爾提醒人們，要認清帝國主義貪得無饜的本質，他們永遠不會滿足已經到手的一切。

在泰戈爾的多次演講中，他反覆地表達了他的反對帝國主義和殖民主義的思想，他用直率、明確的語言，一針見血的對殖民主義政策提出抨擊。

1924年在中國訪問期間，他發表了題爲〈眞理〉的演說，指責「西方人從不懷疑用商品糧、觀光團、機槍、教師和宗教可以壓垮我們⑫。」這說明泰戈爾對西方殖民主義者所採取的侵略手段早已洞察，他們一方面實行武力鎮壓，另一方面則以和平面貌實行文化滲透和宗教奴役。軟硬兼施，這正是帝國主義對待殖民地人民的一貫手法。

1941年在泰戈爾八十壽辰的講話中，他最後一次回顧了英國的「文明」究竟給印度帶來了什麼？他說：

> 「我們知道我們被剝奪的是西方文明最珍貴的東西，卽，尊重人與人的相互關係，而在英國對印度的統治中這種關係絲毫沒有地位。相反，卻代之以手提棍棒的『法律和秩序』的統治。換言之，他們確立的是警察政治⑬。」

泰戈爾說，在這種暴力的統治下，使社會組織四分五裂，人民生

⑫ 泰戈爾：〈眞理〉，載《無際的天空》，頁339-340，1964年，加爾各答，英文版。

⑬ 泰戈爾：〈文明的危機〉，載《泰戈爾著作集》（八），1981年，頁460，東京日文版，方廣錩譯。

活極端匱乏，他自己越來越感到這樣生活下去是多麼大的恥辱！

從上面的闡述中我們看到，無論採用那種形式（小說、戲劇、詩歌或論文）都表達了泰戈爾反對帝國主義的一貫立場。這種愛國反帝的激情最初是單純的、熱烈的，但是還帶有某些幻想，總希望英國的自由精神能改變印度現狀。然而到了二十世紀初期，帝國主義掠奪本性已完全暴露，在事實面前，泰戈爾的幻想破滅了，他的反帝思想更加堅決，對祖國的熱愛也更加深沉了。但是他並非狹隘的愛國主義者，也不是情感的奴隸，他懂得反帝與排外具有不同涵義，對於英國和西方的東西，他認爲應該有選擇、有分析，不能一概否定任意排斥。他讚美歐洲現代化的大機器生產，不同意提倡「回到手工紡織機」的運動；他反對焚燬英貨；稱讚耶穌基督是具有偉大靈魂的聖人；對西方基督教文化懷有崇敬的心情；讚賞歐洲的自由，對人道主義一度抱有特殊的好感；他也非常感謝英國人民給予他的眞摯的友誼和幫助。這一切都說明泰戈爾不是單純的、盲目排外的狹隘的愛國主義者。也說明他深受西方文化影響，在思想上與某些西方現代思想有一定的聯繫。

泰戈爾的愛國主義思想，其表現的另一個方面是對本國封建勢力的厭惡與反抗。

印度是一個古老的國家，也是一個充滿神秘幻想的多民族和多宗教的國家，數千年來曾歷經多種社會形態的變遷，直到淪爲英國的殖民地，在漫長的歷史流程中，不管外來的壓迫和奴役如何深重，在國內，印度教一直作爲正統的宗教信仰，深深地影響社會生活的各個方面，儘管這當中也有不同教派、不同觀念的激盪和滲透，而直到今天印度教的烙印仍然銘刻在人們內心。在這裏，社會各種矛盾往往和種姓衝突、民族糾紛、教派鬪爭糾纏在一起。對於印度教社會的各種積弊以及封建勢力，早在十九世紀初期，便由羅姆·摩罕·羅易發起並領導了宗教和社會改革運動進行變革，其後著名的社會和宗教改革家還有達耶難陀·娑羅室伐底(Dayānanda Sarasvati, 1824-1883)、羅摩克里希那(Rāmakṛṣṇa, 1836-1886)、斯瓦米·維帷卡南達（Svāmi Vivekānanda, 1863-1902）以及民族獨立運動的領袖提拉克、聖雄甘地、奧羅賓多·高士等人。泰戈爾的祖父和父親也曾支持並參與過社會改革活動。社會和家庭的影響，使詩人從小就有一種要求自由的思想。當他進入社會以後，正值孟加拉處於兩種思潮——自由主義與傳統主義——鬪爭的高漲時期，此時的泰戈爾對於西方文明既抱有幻想和希望，但又在侵略者的掠奪罪行面前感到失望和幻滅；對於民族文化和宗教傳統，他主張存其精華棄其糟粕，由於受到階級和歷史的局限，他行動往往同他的思想不一致，因此在內心中常常充滿矛盾。雖然如此，他仍然不愧是一位反對封建傳統的勇士。

泰戈爾對封建勢力的抨擊，主要表現在兩個方面，即種姓制度和婚姻制度。

印度的種姓制度根據〈梨俱吠陀〉的記載，距今約有三千多年的歷史，印度教聖典〈摩奴法論〉明文規定，爲了諸界的繁榮，梵天從口、臂、腿、腳生出婆羅門、刹帝利、吠舍和首陀羅（I. 31）。婆羅門一出生便爲天下之尊；他是萬物之主，旨在保護法庫（I. 99）。世界上的任何東西全都是婆羅門的財產；由於地位優越、出身高貴，婆羅門的確有資格享有一切(I. 100)這所有的百姓應該由一個正式接受過吠陀教育的刹帝利依正理來保護(Ⅶ· 2)。當刹帝利在一切方面對婆羅門過於傲慢的時候，婆羅門就應該親自制服他；因爲刹帝利來源於婆羅門（Ⅸ.320）吠舍在入教和娶妻之後應該永遠一心致力於農業、商業和畜牧業（Ⅸ.326）。首陀羅的有助於他獲得至福的最高的法，就是侍候精通吠陀的和聲名遠被的婆羅門家居者（Ⅸ.334）⑭。這些規定儘管與社會眞實情況不符，它只是婆羅門的幻想，是他們的意志和願望的表現。但是數千年來由於一切高等種姓的統治者都想維護自己的地位和利益，他們當然會在人們中間強化〈法論〉所規定的觀念，因此，長期以來人們對種姓的世俗看法仍然起到束縛作用，種姓之間長期存在的隔閡就總是阻礙社會的進步和發展。爲此，近代印度一些致力於社會改革的仁人志士莫不把種姓平等的要求作爲自己的改革綱領內容之一。泰戈爾也是這樣，他一方面通過文學作品揭露種姓制度的罪惡；另一方面又寫了大量論文和發表演說批判種姓制度的不合理及對社會造成的危害。

例如，在短篇小說〈棄絕〉中，他描寫一對戀人，庫松和赫門達，他們恩愛結合，感情很好，但是當公婆知道庫松是首陀羅種姓的寡婦所生時，立即強迫兒子與庫松離婚，並逼走兒媳，只因種姓不同，就拆散了美好的姻緣。在另一篇小說〈紙牌國〉裏，泰戈爾以諷喻的手法，通過對紙牌國中人物和思想的刻畫，批判了種族制度和一切腐朽的風俗習慣給印度社會帶來的危害。他說，在一個島國裏面有許多奇怪的條例和規章，「不知道從甚麼時候起，每個人的地位就規定了。每個人除了指定給他的工作

⑭ 參見〈摩奴法論〉，第一、七、九章。（括號中羅馬數字表示章，阿拉伯數字表示節）。1986年，中國社會科學出版社，（蔣忠新譯）。

以外，從來不做別的事。他們無論到什麼地方，都好像有一隻看不見的手按照規章在指揮他們⑮。」這裏的居民似乎個個像呆子，走路無精打彩，辦事不動腦筋，甚至摔倒了也沒有聲音。突然有一天從海外闖來了三個人：國王的兒子、警察局長的兒子和商人的兒子。他們象徵著英國的官吏、士兵和商人。這三個人打破了紙牌國的平靜，於是在島國展開了一場爭論：

「A：這三個沒有劃種姓的生人，應該屬於那一個種姓呢？
B：他們是那一族的？是白的、黑的？如果處理不當，島國上整個婚姻制度和它那些錯綜複雜的條例，都會受到影響。
C：他們該吃些什麼？他們應該跟誰住？」

正當這些人在爭論時，三個海外來客卻打破了一切條例，理由是「願意」，結果由於「願意」把紙牌國撞得搖搖欲墜，東倒西歪。故事幽默，意味深長。在這裏，泰戈爾深刻地揭露了印度社會的種姓制度和一切封建的陳規陋習，由於這些糟粕的存在使印度落後了幾百年，因此，在強大的帝國主義侵略面前，只能一敗塗地，最終淪爲英國的殖民地。然而，詩人並不甘心祖國的淪喪，他對祖國的社會弊病深感痛心，對國家的前途也寄予熱切的期望，他希望紙牌國的民眾能接受亡國的教訓，從此振作起來，打破一切思想束縛和習慣勢力，也能以自己的願望決定自己的命運。

---

⑮ 〈紙牌國〉，載《泰戈爾作品集》（三），頁36，版本同前。

在長篇小說《戈拉》中，泰戈爾就種姓制度問題，安揷了如下的對話：

「蘇查麗達問養父帕勒席：我們爲什麼要譴責種姓區別？
帕勒席回答：種姓制度使人對人這樣蔑視，這樣侮辱，怎能叫人不譴責它呢？要是這還不算罪大惡極，我眞不知道什麼才是罪大惡極了。那些極度鄙視自己同胞的人，絕不能變爲偉大，他們注定了也會受到別人的輕蔑。
蘇查麗達說：我們社會目前道德的敗壞，的確產生了許多罪惡………可是我們難道因此就有權利去責備種姓的實質嗎？
帕勒席說：我眼前實際看到的只是我們國家裏人對人的令人難堪的嫌惡，以及這種嫌惡一再分裂著我們人民的情形，在這種情況下，我們去研究什麼假想的種姓實質，又能得到什麼安慰呢？
儘管我們國家在哲理上講究這種平等，我們還是看見低種姓的人連神殿也不許進去。如果在神的廟堂裏都不講平等，我們的哲學中有沒有平等概念，又有什麼關係呢⑯？」

從這段對話中我們看到泰戈爾對種姓問題所關心的並不是它的涵義和實質，而是它所造成的惡果。他從印度的現實出發，認爲種姓之間的隔閡給人們帶來的最大危害是使人民分裂，使他們彼此嫌惡，互相蔑視，在感情上、心理上和道德上人爲地製造

⑯ 泰戈爾：《戈拉》，頁145，版本同前。

了一條不可逾越的鴻溝。而這些傳統的落後觀念正是形成印度貧窮、憂苦、凌辱和失敗的根源之一。從泰戈爾這些觀點來看，無疑地，他是種姓制度的反對者，他自已曾說過：

「印度在沒有擺脫人們和集體的愚昧，普通人民不被看作眞正人的情況下，……在強者踐踏弱者被認爲是永恆法律的情況下，在高種姓像畜牲一樣輕蔑低種姓的情況下，是永遠不能獲得獨立的⑰。」

但是，泰戈爾畢竟是一位正統的印度教徒，又是世襲的婆羅門種姓，儘管在道義上和理論上反對種姓之間的藩籬，然而在感情上和行動上又往往是保守的。1915年當他在聖蒂尼克坦親自創辦的學校裏第一次和甘地會晤時，甘地就尖銳地指出，在學校的餐廳裏不應該單獨爲婆羅門孩子安排座席。「甘地感到震驚：羅賓德拉納特在抨擊婆羅門主義這個禍根的同時，竟然在自己學校裏忍受它的勢力⑱。」其實，這並不奇怪，它正是泰戈爾思想中自相矛盾的一種表現，也是宗教和種姓的烙印所形成的局限。

對於封建婚姻制度的抨擊是泰戈爾反封建思想的另一個重要方面。他反對童婚、反對寡婦殉葬，支持婦女解放，對於封建制度給婦女帶來的沉重枷鎖，對於婦女所遭受的痛苦、不幸和悲慘的命運給予了極大的同情和關懷，這一切反封建的光輝思想在他的作品中都有鮮明的表現。如〈河邊的臺階〉描寫了八歲女孩苦

⑰ 泰戈爾：《印度的未來》，引自 S. 拉達克里希南：《泰戈爾的哲學》，頁226，1918年，倫敦，英文版。

⑱ K. 克里巴拉尼：《泰戈爾傳》，頁306 。1984年，灕江出版社。

森已經成爲不幸的寡婦，她愛戀著年輕的苦行僧，但是世俗的偏見和宗教的戒律不允許這種愛情的發展，八歲的孩子只能終身守寡。在〈摩訶摩耶〉中，泰戈爾描寫一對青年相親相愛，然而這種自由戀愛的關係被人們視爲大逆不道，對家庭來說是一種恥辱，於是遵從封建道德的哥哥只好逼迫摩訶摩耶嫁給在聖河沿岸等待死亡降臨的老人，婚後第二天老人去世，已成寡婦的姑娘再次被強行捆綁赴火葬場殉葬，幸而天降大雨，摩訶摩耶死裏逃生，她走投無路奔到戀人家中，但最終有情人並未成爲眷屬。泰戈爾說：「讀者千萬不要不相信我的故事，不要認爲這是虛構的、脫離現實的。在流行寡婦殉葬的年代裏，據說的確發生過這一類的事⑲。」泰戈爾還在〈美麗的鄰居〉中爲寡婦有權再嫁大聲疾呼，他說：「寡婦也有一顆活鮮鮮的、有痛苦、有慾望、挺敏感的心⑳。」任何人想把寡婦守節美化起來，將它說成是純潔和寧靜，如同在暗淡的月光下盪漾著的一束微光，那他就像是在飢荒的年代裏，吃飽了肚皮的人反而勸快要餓死的人去欣賞鳥語花香一樣。泰戈爾認爲這是殘酷的、不盡人情的做法。他爲了使婦女能夠從夫權和封建家庭中解放出來，還寫了許多歌頌婦女反抗精神的短篇小說，如〈吉莉芭拉〉、〈一個女人的信〉等。但是正像他反對種姓制度具有一定的局限性一樣，在反對封建婚姻制度方面，也存在一定的保守思想，使他不自覺的迎合了傳統習俗。例如，他對童婚制一直持反對態度，他曾以辛辣的口吻描寫道：「我們隨著婚禮的吹奏，把一個八歲的新娘帶回家，撕開她尚未綻開的青春花瓣，從中榨盡她全部甜蜜的汁液，用沉重的經典

⑲　〈摩訶摩耶〉，載《泰戈爾作品集》（三），頁110，版本同前。
⑳　〈美麗的鄰居〉，載《泰戈爾作品集》（四），頁78，版本同前。

壓碎一個嬌嫩的生命，使其與死亡的往昔塵埃化爲一體㉑。」泰戈爾同情那些幼女，然而在現實面前他又沒有勇氣反抗古老的習俗，因此在1901年當他的大女兒貝拉只有十四歲，二女兒拉妮僅僅十二歲，就在不到一個月的時間內，爲她們舉辦了婚禮。因爲在當時的社會中，女孩子一過青春期還不成婚便會被認爲是不正常的現象，以後就會有嫁不出去的可能，泰戈爾爲女兒們前途著想，也只能屈服於世俗的偏見和愚昧的習俗，使自已親生女兒也步入那些不幸者的後塵成爲封建制度的犧牲品。二女兒婚後不久就患了重病，1903年，不滿十四歲的拉妮就與世長辭了，大女兒貝拉也於1918年三十二歲時病逝。

此外，泰戈爾對廣大貧苦農民的同情和對封建地主的揭露與抨擊也是他反對封建思想的一個重要內容。1894年他在著名的長詩《兩畝地》中突出表現了這一思想。詩的大意是：

「一位農民說：我只有兩畝地，其他的一切都在債務中失去。

王爺說：你知道我正在修花園，加上這兩畝地，就會長寬相等，四四方方………，你只有把這塊地給了我才合道理。

農民含淚哀求：請保留下窮人家這一小塊土地，那是我家的一塊金子，七代相傳，在這裏成了家，立了業，我不能因爲貧困，便辱沒祖先，把大地母親賣去。

王爺一聽紅了眼，半晌沒言語，最後才獰笑一聲：『好!

㉑ K.克里巴拉尼：《泰戈爾傳》，頁157，版本同前。

我等著你。』

一個半月之後法庭判決了，我從自己的家裏被趕了出去，我賣光了一切，償還那假造的借據。王爺的雙手偷去了窮人的所有，唉，在這個世界裏誰越貪得無饜，誰就越富裕。」

結果這位農民被迫離家後做了苦行僧，他到處流浪乞食，整整度過十六年，終於有一天又回到了家鄉，他見到被王爺霸佔的兩畝地以及原來種在那裏的芒果樹，他坐在樹下回首辛酸往事，一陣微風把兩顆熟透的芒果吹落在他的腳下，他高興地把大地母親的賜予雙手捧起，正在這時，園丁惡狠狠地跑來，扛著棍棒把農民拖到主人那裏。王爺怒罵了一聲：「我宰了你！」

「農民說：就這麼兩只芒果，我求你施捨。

王爺笑著說：這傢伙披著袈裟，原來卻是個慣竊。

農民說：我聽了只有苦笑，眼睛裏滾出淚水，你，王爺，如今是位聖賢，我倒成了盜賊㉒。」

從這首長詩中，我們看到泰戈爾雖然出身於地主兼商人的家庭，他本人也曾管理過祖傳的田產，但是，由於他在十九世紀九十年代一直居住在孟加拉農村，親身接觸過廣大貧苦農民，耳聞目睹了封建勢力給農村造成的黑暗現實，使他對地主階級的剝削和壓迫有所認識，對貧苦農民的命運予以同情和關切，也正是在

㉒ 見《兩畝地》，1959年，人民文學出版社。

他這一時期，他才寫出了最受人歡迎的一系列反映農村生活和農民困苦的短篇小說，這些作品是泰戈爾反帝反封建思想的集中體現。

作爲一個愛國主義者既要對敵人充滿了恨，也要對人民充滿了愛。泰戈爾不僅是反對壓迫者的無畏戰士，同時也是祖國和受壓迫的勞苦大眾的忠實的兒子，他曾寫了大量充滿激情的詩篇和歌曲，用以喚起人民的覺悟，增強民族的團結，鼓舞民眾的鬪志，同時也表達了自己愛國的深情和對祖國母親寄託的希望。尤其是在1905年孟加拉民族自治運動的高潮中，他積極站在鬪爭的前緣，創作出許多激動人心的歌曲，其中有一首是甘地最喜愛的，他常常在晚禱時歌唱它，歌詞是:

「如果所有的人都害怕而離開了你，
那麼，你，一個不幸的人，
就敞開心扉，孤軍前進!
如果無人在狂風暴雨的茫茫黑夜裏高擧火把，
那麼，你，一個不幸的人，
讓痛苦點燃你心中的明燈，
讓它成爲你唯一的光明㉓。」

1912年，泰戈爾創作了〈印度命運之神〉㉔，他號召印度人民不分地區、不分宗教和種族，共同携起手來，爲祖國的明天，爲印度的命運而奮勇鬪爭。印度獨立後，這首歌被確定爲印度國

㉓ K. 克里巴拉尼:《泰戈爾傳》，頁243，版本同前。
㉔ 〈印度命運之神〉全部歌詞見《泰戈爾選集・詩集》第51首，版本同前。

歌，直到今天，印度人民仍然懷著對泰戈爾無限崇敬的心情來歌唱它：

「你是一切人心的統治者，
你印度命運的賦予者。
你的名字激起了
旁遮普、辛德、古甲拉特和馬拉塔、
達羅毘荼、奧利薩和孟加拉的人心。
它在文底耶和喜馬拉雅山中起著回響，
摻雜在朱木拿河和恆河的樂音中，
被印度洋的波濤歌頌著。
他們祈求你的祝福，歌唱你的讚頌，
你印度命運的賦予者，
勝利，勝利，勝利是屬於你的。」

泰戈爾盼望著，祈禱著，希望有一天祖國會進入自由的天堂：

「在那裏，心是無畏的，頭也擡得高昂；
在那裏，智識是自由的；
在那裏，世界還沒有被狹小的家國的牆隔成片段；
在那裏，話是從眞理深處說出；
在那裏，不懈的努力向著『完美』伸臂；
在那裏，理智的清泉沒有沉浸在積習的荒漠之中；
在那裏，心靈是受你的指引，走向那不斷放寬的思想與行爲——

進入那自由的天國，我的父呵，讓我的國家覺醒起來罷㉕。」

泰戈爾號召人民「把我們日久天長的屈辱敲碎，把我們的頭擡起，向著無盡的天空，向著燦爛的光明，向著自由的空氣㉖。」他告慰人們要用自己的雙手來醫治祖國的創傷。對於祖國的這種熱愛和期望，始終成爲他生活的動力，追求的目標，一直到他生命的最後時刻，他仍然希望印度將誕生一位偉大的救世主，從而揭開歷史新的篇章。聖雄甘地曾稱他爲「偉大的哨兵」，他一生不倦地站在反帝反封建鬪爭的前線，充滿了愛國激情，從思想上捍衛了祖國的獨立與尊嚴。

泰戈爾不僅是一位愛國主義者，而且也是一位「世界公民」，一位國際主義戰士，他的愛國主義思想與國際主義思想是密切相關的。這是因爲他的祖國長期遭受殖民主義的蹂躪與踐踏，他對於民族無權、同胞遭受奴役的悲慘生活深有體會，因此他與一切殖民地和半殖民地國家的人民有著共同的愛與恨。1924年他在訪問中國時曾說過：「現在世上有的是勝利的民族……而我們彼此同是受嘲諷的民族，我們有的是不受人尊敬與讚許的德性，我們正應得做朋友㉗。」在〈俄國書簡〉中他也曾說過：

「他們（指蘇維埃）要剝奪有權的人的權力和有錢的人的

㉕ 泰戈爾：《吉檀迦利》第35首，頁21，1983年，人民文學出版社。
㉖ 《泰戈爾選集・詩集》第103首，頁144，版本同前。
㉗ 泰戈爾：〈告別辭〉，載《小說月報》卷15，8號，頁1－5。

> 錢財，我們又爲什麼害怕呢？我們爲什麼要恐慌？我們有多少權力？我們有多少錢財？我們是屬於世界上沒飯吃的、饑餓的、無依無靠的人們中的啊㉘！」

的確，饑餓、貧窮、遭受侮辱使印度人民和全世界被壓迫人民的命運緊緊聯繫在一起，這些正是泰戈爾國際主義的思想基礎。泰戈爾深深認識到一切被壓迫民族應該結成統一戰線，在反帝反殖鬪爭中要彼此關心，互相支援。他自己的一生正是這樣做的，因此人們稱他是「世界公民」、「偉大的國際主義戰士」。他的國際主義思想從內容來看主要表現在兩個方面，一方面是對廣大殖民地和半殖民地人民的同情和支持，並以自己的實際行動建立起各民族之間眞正平等、相互合作的楷模；另一方面是對帝國主義、大國沙文主義和民族利己主義的鞭笞，以及對侵略戰爭的揭露和譴責。這兩個方面又是互相關聯的，充分表現出泰戈爾愛憎分明的立場。

他的國際主義思想從時間發展來看，後期比前期表現得更爲突出，更加成熟，這大概是由於他廣泛接觸世界，眼光更加開濶的緣故。在青年時期，泰戈爾只去過英國，在那裏，他最早接受了自由主義和人道主義思想的影響。1912年之後開始走訪世界，他先後到過美國、日本、法國、荷蘭、瑞士、德國、丹麥、奧地利、意大利、中國、巴西、加拿大、東歐各國、東南亞、南亞諸國和蘇聯。在這期間，他接受過眞摯的友誼，熱烈的歡迎，誠懇的支援和愛戴；也遭受過種族主義的歧視、法西斯主義的欺騙和民族利己主義者的冷落。種種經歷使他頭腦淸醒、目光敏銳、立

㉘ 泰戈爾：〈俄國書簡〉，載《譯文》，1955年11月號，頁20。

場更加堅定。因此在第二次世界大戰爆發前夕，他毫不猶豫地站在反侵略的戰線上，勇敢的同法西斯進行鬪爭。1936年，意大利併吞阿比西尼亞，企圖進一步奪取地中海霸權，重新瓜分東非和北非的殖民地，建立所謂「非洲帝國」。這時，泰戈爾寫了著名長詩〈非洲〉㉙，在詩中回顧了非洲被侮辱和被屠殺的歷史：

「那些用捉人的裝捕機來掩襲你的獵人，
他們的猛烈比你的狼齒還銳利，
他們的驕傲比你的不見天日的森林還昏黑。
文明人的野蠻的貪婪把恬不知恥的不人道剝得赤裸。
你哭泣了，而你的號叫被悶住，
你森林中的小徑被血和淚浸成泥濘，
同時強盜們的釘靴
在你恥辱的歷史上
留下了抹不掉的印跡。」

他也斥責了當時法西斯對非洲的再次入侵：

「當今天西方的地平線上
落日的天空漲塞著塵沙的風暴，
當走獸爬出它們的洞穴
用狂吼來宣告一日的死亡。」

㉙ 〈非洲〉，載《泰戈爾選集・詩集》第102首，版本同前，下面引用的三段詩句均摘自長詩〈非洲〉，見《泰戈爾選集・詩集》，頁143。

他奉告侵略者必須向非洲人民懇求饒恕:

「來吧，你這死亡時間的詩人，
站在這被刧奪的女人的門前，
懇求她的饒恕，……」

1937年泰戈爾還發表詩集《邊緣集》，他一方面揭露法西斯主義的暴行，一方面號召人們準備戰鬪，反抗那披著人皮的野獸。

詩中說:

「賜給我權力吧，……
使我能夠投擲咒詛在那生番身上。
他那使人毛骨森立的饑腸，
連婦女兒童也不放過，
使我斥責的言詞能夠永遠震動
這自侮的歷史的脈搏，
直到這個時代被扼死被鎖住
在它的灰燼裏找到它最後安息的床榻[30]。」

並說:

「羣蛇蠕動著噴吐毒焰

---

[30] 《泰戈爾作品集》（二），頁158-159，版本同前。

染污了四周的空氣。

『平和』的柔婉詞句

聽來彷彿是無用的諷嘲。

因此，在我離去之前，

我向每一個家庭呼籲——準備戰鬪吧!

反抗那披著人皮的野獸[31]!」

1938 年 9 月，當英、法、德、意四國首腦在德國慕尼黑舉行骯髒的幕後交易，把捷克斯洛伐克拱手讓給德國，企圖把德國法西斯的侵略戰火引向蘇聯時，泰戈爾憤怒地寫下了〈懺悔〉一詩，詩中寫道:

「他們擁擠在教堂裏，

在一個因著恐懼而沉迷的原始狂亂的信仰中

它希望把上帝諂媚得

心滿意足

諂媚得柔弱地寬容。

……

他們信賴著他們寬忍的上帝

他會許給他們以及時的智慧

來對較弱的人們索取所需要的一切的禮拜的祭品，

留下他們自己污穢的積聚不再瓜分[32]。」

---

[31] 《泰戈爾作品集》（二），頁160，版本同前。

[32] 《泰戈爾作品集》（二），頁163-164，版本同前。

詩中的他們指的是英、法帝國，他們所諂媚的上帝正是德、意法西斯，泰戈爾在這裏揭露了慕尼黑會議的陰謀：他們將小國作爲祭品，奉獻給企圖索取一切的強盜，其目的只不過是爲了保住他們自己的既得利益不再被瓜分。泰戈爾將自己的詩篇寄給捷克斯洛伐克的朋友李司尼教授，以表示對該國人民反對慕尼黑陰謀、抗議英、法出賣捷克斯洛伐克鬪爭的支持。

在這期間泰戈爾還發表了一系列的詩歌和信函，堅決支持中國人民的抗日鬪爭（見第十二章），號召世界各國人民奮勇投入反法西斯戰爭。他的詩歌鏗鏘有力，震撼人心；他的信函義正詞嚴，光明磊落。直到他生命的最後一年，他還念念不忘全世界被壓迫、被奴役人民的命運。

他關心伊朗民族的獨立，說：「伊朗在新生，她從歐洲外交的桎梏下逐漸解放出來的時代已經來臨，……我衷心祝願伊朗幸福[33]。」

他也關懷著阿富汗的發展，他說：「無論哪個歐洲國家都不可能征服阿富汗，不可能破壞她發展的可能性[34]。」

他更擔心戰爭會給人類造成精神上和物質上的最大破壞，

「那殘暴野蠻的魔鬼已撕掉一切假面具，露出了牙齒，並企圖在瘋狂的破壞騷亂中撕碎人類，在世界各個角落，仇恨的毒氣使空氣陰鬱，潛伏在西方人內心深處的暴力心理正在不斷擡頭，並且在侮辱眞正的『人』的精神[35]。」

---

[33] 泰戈爾：〈文明的危機〉，載《泰戈爾著作集》（八）1981年，東京，日文版，方廣錩譯稿。

[34] 泰戈爾：〈文明的危機〉，版本同前。

[35] 泰戈爾：〈文明的危機〉，版本同前。

儘管不幸將降臨人間，泰戈爾仍然堅信，不管敵人多麼兇惡，人類總有一天將重返那勝利之路。

泰戈爾一面對殖民主義的掠奪與壓迫，對帝國主義的侵略和戰爭，進行譴責和抨擊；一面又以自己的實踐建立起人類互相合作、眞誠幫助的共同信念。爲此，他幾乎花費了最後二十年中的大部分時間，自1916年在訪問日、美期間，他開始產生融合東西方文化的想法，1918年又正式發表了這一設想，到1921年在和平之鄉原有學校的基礎上，以國際大學宣告成立的喜訊結束，在五年時間內終於實現了自己的願望。泰戈爾把他在和平之鄉的土地、房屋和財產以及過去出版的全部孟加拉文著作的版權都捐贈給國際大學，並在以後的年代裏，他一直爲國際大學的發展日夜奔波操勞。他認爲要想建立人類之愛，消除各民族之間的隔閡，實現東西方文化的融合，就必須建立起人類能够互相溝通的機構，這就是國際大學。在這所學校裏，通過各國藝術家、科學家、哲學家和文學家的相互合作，共同從事教學和研究工作，才能彼此了解，增強團結，從而實現人類和平、合作的共同願望。

關於創辦國際大學的宗旨，印度已故總理英迪拉·甘地曾說過：

「師尊（指泰戈爾）無所不在。他和我國文明史中的聖哲息息相通，然而他生活在現代；他將永恆和瞬間結合在一起，他使無限的宇宙和有限的鄉土相一致。這就是他把這所偉大的學校命名爲『國際大學』的原因。他希望每個大學生都能成爲一個『世界公民』，沒有狹隘的觀念，並敢於這樣說：『天下一家，四海之內皆兄弟也[36]。』」

國際大學成立後，泰戈爾曾先後爲大學聘請英國、法國、德國、捷克斯洛伐克、意大利、美國、日本和中國著名的學者、專家和文學藝術家到聖蒂尼克坦任教，使這所大學成爲名副其實的國際大學；它對於促進世界各國文化藝術的交流、增強各國人民之間的相互了解和合作，加強各國人民的團結，確實起到一定的積極作用。

泰戈爾的另一個行動範例就是與外國友人結成眞誠無私的合作關係。這種友誼成爲他精神上和事業上的堅強支柱。他自己曾回憶說：

「我曾多次有幸與心地眞正寬宏的某些英國人交朋友，我可以毫不猶豫地說，他們人格之高尚是少有的。事實上，無論在哪個國家，哪個社會，都不會遇到有如此偉大的靈魂的幸運，正是由於這些範例，才使我對產生了這些人的這個民族沒有完全失去信心。其中有一位名叫安德魯斯，我的這位朋友是一個眞正的英國人，眞正的基督徒，眞正的人，在我已垂垂暮年的今天，他那無私且勃勃的氣度格外燦爛發光，全印度都享受到安德魯斯無數仁愛與獻身的行爲，但就我個人而言，我特別對他抱有感激之情，因爲正是他使我在晚年對英國人恢復了尊敬之情。…我相信，這樣的英國人將從敗局中挽救英國的名譽[37]。……」。

[36] 伊曼紐爾·波奇帕達斯筆錄：《甘地夫人自述》，頁25-27，1981年，時事出版社。

[37] 泰戈爾：〈文明的危機〉，頁460-461，版本同前。

的確，泰戈爾和查弗·安德魯斯之間的眞摯友誼確實是偉大的國際主義精神的典範，他們於1912年在倫敦相識，當時安德魯斯是兄弟會的傳教士，他被泰戈爾的人格和思想所吸引，辭去兄弟會職務，自願來到印度，並且將他的朋友威·溫·皮爾遜介紹給泰戈爾，從此他們成爲泰戈爾忠實的助手和終身摯友，並且是甘地和泰戈爾之間的橋樑。泰戈爾只要離開聖蒂尼克坦，就隨時將自己的思想、感情和考慮的問題寫信告訴安德魯斯，他們之間眞誠相待，無話不談。1928年，這些信件匯編成册，名爲《給朋友的信》。此外，泰戈爾還同法國作家羅曼羅蘭，德國科學家愛因斯坦建立了眞誠的友誼，共同參與國際文化界爭取世界和平，反對法西斯侵略戰爭的統一行動。

從以上這些內容來看，可以得出這樣的結論：泰戈爾不僅是一位反帝、反封建的愛國主義的詩人，而且是一位反對侵略戰爭、從事和平運動、支持各國人民正義事業，並以自己實際行動建立國際和平與合作的偉大的國際主義戰士。正如傳記作者克里巴拉尼所說：「他已超越了印度的國界，成爲一個世界公民。這並不是因爲他名揚天下，而是因爲他與世界緊緊聯在一起，…，他把世界的命運看作是自己的命運㊳。…」

㊳ K. 克里巴拉尼：《泰戈爾傳》，頁289，版本同前。

第九章 「教育的最高宗旨是實現靈魂的自由」

羅賓德拉納特·泰戈爾不僅是偉大的詩哲、現實主義的文學家和傳統與現代相結合的藝術家，而且是傑出的有創新精神的教育家。他親手締造了聖蒂尼克坦小學，並在此基礎上擴建爲舉世聞名的國際大學。他以該校作爲教育改革的實踐基地，全面貫徹實施他的教育理想。這些理想和措施可以歸納爲以下四個方面:

（一）改革舊的教育體制，融人與大自然爲一體

泰戈爾從自己的切身經驗出發，他深深地感到舊的教育體制對兒童來說如同一副枷鎖，它牢牢地束縛住孩子們的天賦。他在《回憶錄》中曾這樣描述自己一天的生活:

「天剛破曉，便被人叫醒，在一個有名的獨眼大力士的監督下進行操練。行操完畢，還沒抖掉身上的塵土，醫學院的一位學生就來給我講解『骨骼的知識』，牆上掛著人體解剖圖，我要背熟一個個關於骨骼的拗口的拉丁名稱。清晨七點，數學老師蒞臨，手裏拿著石板，教我求解算術、幾何和代數題。有時還安排自然科學課程和簡單的實驗觀察。然後開始學習孟加拉語和梵語。十點鐘正式送我去學

校，在學校裏一堵高牆使我和周圍的世界完全割斷了聯繫，我瞪著盲人般的呆滯的眼神盯住一堵堵高牆，直到下午四點半才離開學校。回到家中，體操老師已等在一旁，我必須練完一個小時的雙槓。接著繪畫老師便已抵達。直到傍晚在昏暗的汽油燈下，我還要在半睡半醒的狀態下，聽英文老師教授英語，於是這一天的課程大部分在睡夢中已被忘卻。」

泰戈爾說，這種嚴絲合縫的管教，就像貴婦人穿的鞋一樣，每時每刻都從各個方面束縛著我的天性。

一次他在紐約電臺發表講話，當談到他爲什麼要創辦學校時，他闡明了同樣的感受。他說：「因爲在我年輕時，我經受了學習過程的強制壓力，這是人所犯的最殘酷、最浪費無益的錯誤之一❶。」並說：「一到晚間，我的英語老師慣常的就來了，我被拽到每天的厄運中，在一個非常無情的桌子上，一本枯燥無味的教科書，包含著課文，跟著一行行標有重音的分隔了的音節，像是兵士的刺刀。」接著泰戈爾風趣地說：「至於那個教師，我絕不原諒他，他是如此地過分認眞，他每晚必到，似乎從不生病或家中有事，還如此準時，不近人情。記得每到晚上我就多麼恐懼這引起我注意的討厭的路邊陽臺，也恰好就在這個時候，他的可怕的雨傘——壞天氣從來阻擋不了他按時來臨——出現在我們

❶ 泰戈爾：〈國際大學的教育使命〉，載《無際的天空》，頁292-293，1964年，加爾各答，英文版。

巷口拐彎的地方❷。」可見幼年時期的學習壓力使泰戈爾終生難忘。他感到當時的教育已成爲一種無意義的負擔，所以他說倘若我們無時無刻都在綳緊琴弦，那麼，這琴弦有朝一日總會綳斷。這正是羅賓德拉納特只受過八年正規教育，被迫逃離學校走上自學道路的原因，也正是他想建立一所學校，使兒童得以解放的原因。

泰戈爾在批判了舊的教育體制的同時，他深入細緻地觀察了兒童的天性。他認爲孩子們是熱愛生活的，這是他們最初的愛，生活中的所有色彩和多變萬化的美景都深深地吸引著他們的心靈。他們最初是通過對生活的熱愛而求得知識，並不是生來就能接受知識的清規戒律的約束的，然後他們才會脫離生活去求得知識，再以後，他們才會帶著成熟的智慧去重返自己更爲充實的生活。泰戈爾強調由體驗到知識，由知識到已受到啟發的體驗，然後再回到更加具體化的知識，這就是兒童成長所憑藉的自然韻律。教育者的職責不是生硬地打破這一韻律，而是利用這一規律循序誘導，啟發兒童求知的慾望。同時，兒童的智力和成人不同，成年人深受自己經驗教訓的束縛，他們對周圍世界已失去敏感，只揀那些實用的事物接受，而對自己無關的事物視如未見，他們考慮的是功利和社會習俗的需要。而兒童卻從興趣出發，對周圍的一切極爲敏感，他們沒有偏見，對遇到的每一件新鮮事物廣泛攝取，並富有極強的好奇心和想像力。所以對兒童的教育首要的任務便是充分理解他們的天性，讓孩子們從課堂回到大自然，回到生活中去，使人和周圍世界融爲一體。

---

❷ 《無際的天空》，頁292-293，版本同前。

泰戈爾爲了達到這一目的，他精心選擇了校址和教師，並改變了舊有的教育制度。他說：「我把我創辦的學校設在一個美麗的地方，那裏遠離城市，古樹成蔭，四野開闊，直望到遠處的地平線，兒童們在這裏可以享受最大的自由❸。」這片森林聖地（阿什拉姆， Asrama）是泰戈爾的父親爲那些通過沉思和祈禱而追求寧靜和隱居的人們捐贈的。泰戈爾將學校建於此地也是他對古代印度傳統教育體制的緬懷，他常常讚美那種師生共濟的林間修道院式的生活，他說：

> 「在那裏，學生們的成長不是處於教與學的氣氛中，不是處於僧侶隱居的殘缺不全的生活中，而是處在生活氣息之中。他們放牧牛羊，揀拾柴禾，採集果實，培育對萬物的親切感。他們的精神隨導師精神的成長而成長。這之所以可能是由於這些地方的目的，不在於教學，而在於爲那些生活於神之中的人們提供居所❹。」

泰戈爾深切地感到，學生與老師共度一種志向遠大的生活以受到教育，這一古代的完美教育典範時刻在佔據著他的心，所以泰戈爾選擇了森林聖地。

新的教育體制一反常規，改變了那種孩子需要地球，卻教給他們地理；不教他們語言，卻去教他們語法；他們渴望敍事詩，卻供給他們編年史的教育內容。使孩子們從僵死的課堂回到生機

---

❸ 《無際的天空》，頁293，版本同前。

❹ 泰戈爾：〈我的學校〉，載《一個藝術家的宗教觀》，頁132，1989年，上海三聯分店。

勃勃的大自然中。泰戈爾愉快地說，從一開始他就使學校形成一種比課堂教學更爲重要的氣氛，那就是自然本色美的氣氛。大自然從遠古以來就以她絢麗多姿的禮物、鮮花和水果，清晨的歡樂和星夜的寧靜在那裏等待人們。泰戈爾隨著不同的季節譜寫相應的歌曲，他讚美春天的來臨和跟隨酷烈的夏月而來的雨季的諧鳴。當大自然親自送來她的信息時，人們理應接受她的感情邀請。當人們周圍的樹林被雨水輕吻而心中顫動時，如果仍然虔誠的全心貫注於數學，那就是背離萬有的心靈。詩人主張，作爲教育的一部分，他要讓孩子們完全認識到他們是生活在一個存在的系統裏，在那裏，樹木是實體性的東西，它不僅僅是產生葉綠素並從空氣中攝取二氧化碳的樹木，而且是活生生的樹木。他讓孩子們頭頂青天，腳踏大地，在樹蔭下傾聽古老的敍事詩。當春天來臨時，年輕的教員把孩子們帶入森林，在開滿鮮花的樹叢中，給孩子們朗讀莎士比亞的戲劇和布朗寧的作品，而從不懷疑孩子們的理解力，因爲教員是用孟加拉語解釋這些作品的內容的。他們啟發孩子們對文學的興趣，最初不是通過教科書而是通過情感豐富的朗誦；他們啟發孩子們對音樂的興趣，最初不是通過音樂課而是通過音樂對孩子耳朵的薰陶。總之，泰戈爾說：

> 「在我的學校，生命不僅是靜思的，而且是在活動中覺醒的；在那兒，孩子們的心靈不會被強迫去信仰；在那兒，他們要去將人的世界實現爲他們渴望成爲其居民的天國；在那兒，日出、日落和靜寂的、燦爛的羣星，每天都受到孩子們的重視；在那兒，人們在花兒與果實的盛會中盡情地享受著歡樂；在那兒，年輕人與老年人，教師與學生圍

坐同一張桌子，共進他們世俗之餐和永恆生命之餐❺。」

（二）改革舊的教育方法，使教育和實踐相結合

泰戈爾認爲任何教育如果脫離了實踐都不可能保持自己的生命力，我們所學習的某種課程如果不是出於各種人實踐的需要，那麼這種課程對人類就毫無用處。並且認爲學校同樣是從社會汲取養份，開花結果，如果同社會脫節，那麼它就會失去生命力而枯萎衰竭。泰戈爾批評舊的教育方法，指出：長期以來，我們的學識和生活一直處在內戰的狀況，雙方一直竭力設法激怒對方，以致在陳腐的學識和停滯的生活方式之間，孟加拉人的生活成爲一齣鬧劇。他說，教育和生活脫節，就好像一個乞丐，他總是在冬天才能有錢買到夏天的衣服，在夏天才能買到冬天的衣服，這種學識和生活混亂的弊端，只能在實踐中加以糾正。泰戈爾說：「過去我們學到的知識就是在家中的日常生活中也是毫無用處的，當我們從辦公室回來後，我們就把這種知識像頭巾和床單一樣疊好放進衣箱裏❻。」並說，脫離生活實際的教育不是教育，而是騙局。

爲了糾正教育與實際相脫離的弊病，當詩人在聖蒂尼克坦從事教育改革的實踐時，他同時在什利尼克坦創辦了一個附屬於教育基地的平行機構——農場和工藝中心，此後它成爲大規模村社發展的實驗中心。泰戈爾將這個中心作爲學生參加社會活動和社會服務的實踐基地，從而建立起學生與農民之間的聯繫。詩人認

---

❺ 泰戈爾：〈我的學校〉，載《一個藝術家的宗教觀》，頁148，版本同前。

❻ K. 克里巴拉尼：《泰戈爾傳》，頁230。

爲印度是個農業國，農民是印度經濟和印度社會的堅固核心，知識份子必須和農民結合才能有所作爲，因此農業教育是教育整體不可分割的部分。他提醒大家：我們每天在這大地母親的懷抱裏汲取營養，而我們有教養的傑出的人物都在思想的高空裏翺翔，從這一重要基地中分離出來，就像遠離大地的浮雲一樣，如果這些浮雲不化成服務和愛的甘霖，那麼人與大地母親的關係，將永遠不會變得眞正有意義。

泰戈爾言行一致，他把自己得到的諾貝爾文學獎金全部捐贈給學校，並儲蓄在農業合作銀行裏，讓學校使用利息，農民獲取低息貸款。他親自在實驗基地幫助農民建立一切生產和生活設施。更爲可貴的是，他爲知識份子和農民結合作出了典範。儘管他出身於貴族，依照上層社會的習慣總是把子女送到英國高等學府學習，然而泰戈爾卻衝破貴族枷鎖，毅然把自己的大兒子送到美國伊利諾斯大學去學習農業，還把女婿和得意門生送進農大。當兒子學成回國後，泰戈爾將他安排到莊園工作，他希望落後的印度農業能用美國的先進技術加以改造。除此之外，他還建立了實驗室及多種手工業作坊，組織學生從事各種勞作。所以K. 克里巴拉尼評價說：「通過某種形式的勞作和手工業進行教育的思想及其實踐最早發端於聖蒂尼克坦。在這之後，聖雄甘地才把這種見解包括在今天印度稱之爲『基礎教育』的制度中去❼。」

（三） 摒棄舊的教育內容，創立東西文化的交流陣地

羅賓德拉納特·泰戈爾指出，舊的教育制度屬於殖民主義教

❼ K. 克里巴拉尼：《泰戈爾傳》，頁231。

育，它的教學內容完全服務於教育目的，這種教育是畸型的，完全脫離了本民族的文化傳統，是一種舶來品。但是遺憾的是，正如一些野蠻人為了掩蓋自己自然健康的光輝而文身塗色感到自豪一樣，我們用這樣外來的英國學識塗抹自己的身子，然後裝腔作勢地招搖過市，而這些外來的東西卻和我們生活的內在眞實沒有任何聯繫。泰戈爾認為英國方式的教育只能使我們成為他的政府雇員和商人，它浪費了我們的青春，剝奪了我們民族的自尊。我們一代一代的知識份子不但思想和行動，甚至連我們自己的感情模式也都是從西方，特別是從英國那裏借來的。他說：

「我們國家的教育機構像是印度乞討知識用的叫花子的籃子，它損害了民族的尊嚴，縱容我們用借來的翅膀作無知的炫耀。從前我們掌握了我們心靈的東西，它是活生生的，它有思維、有感覺、表現的是自己。它既是受惠者又是給予者。而現代的教育卻忽視了這些❽。」

英國的教育家和歷史學家麥考利曾指出：英國在印度的教育目的就是要造就一個階層，這個階層要具有印度人的膚色和血統，英國人的品格和興趣。正是在這一政策的指導下，印度兒童才嚐到了殖民教育的苦果。他們從很小的年紀便開始學習難以把握的外來語言——英語，相反地，卻忽略了他們母語的文化根基。泰戈爾對這一政策抨擊說，再沒有比可憐的孟加拉兒童更不幸的人了，在那種年齡裏其他國家的孩童正在用自己剛長出的牙

---

❽ 參見 K. 克里巴拉尼：《泰戈爾傳》，頁232。

津津有味地咀嚼甘蔗，而孟加拉兒童則必須坐在學校的長凳上，他們骨瘦如柴，不時地遭受老師的嚴厲叱責，同時還要嚐藤條的滋味。而教育的結果，卻是失去了對生活的認識能力，只能鸚鵡學舌地把成堆的知識壓進自己的頭腦，既沒有獲得力量，也沒有變得成熟，只是在別人的垃圾箱裏拾取破爛而已。

新的教育理想是要徹底摒棄原有的殖民主義的教育目的和內容。1921年他創建了國際大學，以古老的梵文詩句作爲該大學的座右銘，詩的內容是「全世界相會在一個鳥巢裏」。建立國際大學的思想基礎是與他的世界觀和人生觀分不開的，他相信：儘管世界上有貪婪、自私、驕橫和侵略；儘管某些國家打著：「愛國主義的招牌卻犯下滅絕人性的罪行」。但是在人類靈魂的深處仍然存在一種固有的動力，這種力量促使他們盡力爲善。泰戈爾說：「這種信念是我的教育使命中的唯一財產，成爲我終生的任務，並且幾乎是無援的單獨的走上我的奮鬪道路❾。」相信人的本性是善良的，惡只是善的不完全的表現，這是泰戈爾辦學思想的基本方面。另一方面是他對教育本身的看法，詩人認爲：「人類的教育活動是世界性的，它是聯繫不同時代和國家的普遍合作的偉大運動❿。」並說：「每一個民族的職責是，保持自己心靈的永不熄滅的明燈，以作爲世界光明的一個部分。熄滅任何一盞民族的燈，就意味著剝奪它在世界慶典裏應有的位置⓫。」所以，儘管印度在政治命運上遭受挫折，但泰戈爾認爲她有責任堅持眞理的事業。這些正是促使泰戈爾創辦國際大學的思想動力，

❾ 泰戈爾：〈教育的理想〉，載《無際的天空》，頁287，版本同前。
❿ 泰戈爾：〈教育的理想〉，載《無際的天空》，頁288，版本同前。
⓫ K. 克里巴拉尼：《泰戈爾傳》，頁334。

他要全力以赴地去做前人未做過的事，想把國際大學辦成印度文化中心，研究東方學的學院及東西方文化交流的陣地。他說，我希望它發展成爲一個偉大的爲來自世界各國的人們集會的場所，國際大學將建立在一切民族精神一致的理想上。

於是，泰戈爾先後從世界各國請來了著名的學者和藝術家，他們自由地交流思想，相互學習，邊教學邊研究，共同過著簡樸的世界大家庭的生活。這裏曾來過爲國際大學獻出終身心血的英國安德魯斯傳教士；法國學者萊維夫婦；德國大學的東方學學者溫特尼茨；查爾斯大學的博斯萊斯尼；歷史學家和評論家卡朗利什；語言學家 F. 伯諾瓦；以及蘇聯和美國學者等。1937年中國學院成立後，泰戈爾聘請譚雲山先生任院長，此後中國學者先後去國際大學學習、訪問、從事教學與研究工作的知名人士很多。在中國學院不但有來自中國的學者，還有許多亞洲國家的學者到這裏學習和工作，他們來自斯里蘭卡、緬甸、泰國、馬來西亞、新加坡、印度尼西亞、尼泊爾、越南和柬埔寨，也有來自歐洲、美洲和非洲的學者。大家共聚一堂，學習漢文、藏文、梵文、其他印度語言以及英文、德文和法文。共同研究佛學以及其他各種宗教、哲學、歷史、文學和文化。翻譯和出版了大量梵文、巴利文、藏文和漢文經典著作，其他各院系也是這樣。除人文科學外，國際大學還注重自然科學的研究。泰戈爾反對照抄西方的一切，但是他並不是狹隘的民族主義者，他對西方的科學、文學、藝術和人道主義精神始終抱著讚賞態度，他曾對日本朋友說：「你們現在轉向西方思想，換句話說，這種思想是屬於科學的人生觀和世界觀，它是偉大的，不恰當的稱它爲物質主義而輕視其重要意義則是愚蠢的，因爲眞理就是它的精神⑫。」可見泰戈爾對西方思想和先進的科學以及高度發展的物質文明均持肯定觀點，所以國際大學專門設有自然科學系科，對農業科學的研究尤爲重視。

泰戈爾的後二十年，幾乎爲國際大學的鞏固和發展獻出了全部的心血，他親自編寫教材，創作戲劇和歌曲，四處奔走爲籌集大學的日常經費募捐演講。「在近代史上，他首倡了東西方的對話——這是一次在沒有政府的或政治的壓力的情況下，在一所氣氛自由的高等學校中舉行的對話⑬。」這一開創性的功勞不能不歸於詩哲泰戈爾。

（四）　教育的最高宗旨，是實現靈魂的自由

泰戈爾不止一次地闡明：

> 「我們的教育宗旨必須是人的最高目的，即靈魂最全面的發展和自由⑭。」
>
> 「我在渴望擴大人類心靈的氣氛中成長，在家庭中尋求我們語言能力的自由，文學想像力的自由，宗教信仰的靈魂自由以及在我們的社會環境中心智的自由，這種機會已經在教育的力量中給了我信念，它與生命同一，唯有它才能

---

⑫ 泰戈爾:〈教育的理想〉，載《無際的天空》，頁288-289，版本同前。

⑬ V. S.　納羅婆尼:《泰戈爾評傳》，頁244，1985年，重慶出版社。參見《泰戈爾導論》，頁163-164，1977年，馬德拉斯，英文版。

⑭ 《一個藝術家的宗教觀》，頁133，版本同前。

賦予我們眞正的自由⑮。」

「在我的言行中我竭力主張自由是教育的唯一意義和目的⑯。」

那麼，「靈魂的全面發展與自由」又意味著什麼呢？泰戈爾回答說：

「我們所需要的不是某個特定的物質目標，不是財富，不是舒適，也不是權力，而是對靈魂自由的完全的蘇醒，卽是在神中生活的自由，在那裏，我們不與好鬬的人爲敵，不與聚斂金錢的人競爭，在那裏，我們超越一切攻擊和侮辱⑰。」

這段話有兩層涵義；（一）靈魂的自由就是生活在神中的自由，也就是自我靈魂與神合一的自由；（二）要實現靈魂的自由，教育的首要任務不是培養學生在世上獲得成功的野心，而是培養他們對人類、對大自然、對神的深厚感情，對萬物充滿了同情和愛心。

爲了達到這一宗旨，宗教教育在泰戈爾的學校具有特殊地位。他認爲宗教不是學校日程表上各門課程中的一門課，它不能和其他課程一視同仁，不能按照固定的課時每週或每日地把它分散開來。宗教是人類存在的眞理，是人類同無限人格聯繫的意

---

⑮《無際的天空》，頁286，版本同前。
⑯《無際的天空》，頁287，版本同前。
⑰泰戈爾：〈我的學校〉，載《一個藝術家的宗教觀》，頁134，版本同前。

識，是我們人類生命的眞正核心。因此泰戈爾在每天早晚各留出十五分鐘作爲沉思的時間，靜寂的大廳裏，人們心中默默吟頌：

「唵！大地、天空、星界，
願我的意識完全與你合一，
你這智慧閃爍的創造者。
唵！你是我們的父親，
願你賜予我們智慧，
讓我們在這裏頓悟，
我向你致敬！
讓這一切成爲眞實。」

泰戈爾解釋說，「唵」（OM）的意思是圓滿，它代表無限、完美、永恆，是指萬物的整體。沉思由「唵」開始，可使靈魂洋溢起無限圓滿的感覺，從而擺脫狹隘的自我。繼而要體驗創造者的能量，他一方面創造了大地、天空、星界；另一方面又創造了我們的靈魂意識。這兩者同出一源，因此自我和世界之間存在著永恆的聯繫。沉思就意味著「我的意識和外部廣漠世界的合一。」泰戈爾認爲「只有通過沉思，我們才能認識最高層次的眞理，當我們的意識完全沉浸在沉思之中的時候，我們自然會懂得，那不僅是一種獲得，而且是我們與神的合一⑱。」他接著又說：「在沉思之中可排除一切迷亂雜念，這裏沒有損失，沒有畏懼，沒有要我們忍受的痛苦，——我們與他人的關係變得單純、自然——我

⑱ 泰戈爾：〈論沉思〉，載《人格》，頁152，1985年，馬德拉斯，英文版。

們變得自由了[19]。」所以早晚的沉思是學校的慣例，直到今天，國際大學仍然設有供沉思的大廳，學生們自覺地去沉思。

宗教教育的另一個主題是培養「精神的和諧」，培養孩子們對萬物的情誼與愛心。在泰戈爾的學校中，既有普通農民的孩子，也有像英迪拉·甘地一樣的革命領袖的子女；既有婆羅門種姓，也有首陀羅出身的子弟；既有印度各族青年，也有來自世界各國的留學生。不同民族、不同膚色、不同階層、不同信仰，大家同聚在「一個鳥巢裏」，在詩人「精神和諧」的感召下，演奏出純眞友誼的樂曲，這正像詩人自己所說：

> 「眞理的使者曾經攜起手來跨過世紀，越過海洋，越過歷史壁壘，幫助建立人類情誼的偉大陸地。不同形式和途徑的教育，其最終目的是爲了發展人類思想，就好像爲了形成自己永恆統一的中心，而急速旋轉多年的星雲成爲光明的星球一樣。單獨一個人，無論能力多麼有限，也無論處在世界那一部份，都要求我們提高覺悟，以理解全人類[20]。」

從而建立起全人類的合作。這種愛心不僅給予人類，也要給予萬物，所以泰戈爾說，無情地對待鳥和樹的世界被認爲是殘酷的，在他們的學校裏絕不允許。

在愛的基礎上實現人與神、人與人、人與大自然的合一，這既是泰戈爾的教育理想，教育的原則和宗旨，也是他的世界觀和

---

[19] 泰戈爾：〈論沉思〉，載《人格》，頁154，版本同前。
[20] 泰戈爾：〈教育的理想〉，載《無際的天空》，頁288，版本同前。

人生觀的沿襲，這裏充分反映出詩人對人類合作前景的美好憧憬，但同時也暴露出他的宗教世界觀的局限性，在當時硝煙瀰漫，國與國之間充滿敵意的情況下，試圖以宗教之博愛建立起人類的合作，這是很難辦得到的。卽使個人的靈魂在沉思中達到與「神」的合一，完全忘卻了自我，得到心靈上的寧靜和解脫，那也不過是暫時的平靜和自由，當沉思結束，回到現實生活中時，無論是泰戈爾還是他的學生們，仍然要爲學校的經費不足而煩惱，爲印度的命運而悲傷，爲世界的和平而憂慮。

當然，獲得靈魂的自由，除了給予學生宗教教義和宗教情感的教育外，還要培養他們的個性，發揮他們的愛好和天賦，尤其是對「美」的欣賞與追求。在泰戈爾的學校裏學生參加紡織、木工、編織、木雕和製陶的手工藝勞動，學習音樂、舞蹈和繪畫，並且還創作和演出戲劇。泰戈爾認爲美學教育和宗教教育是一致的，在宗教的眞與善中自然體現了美。人們對女神娑羅室伐底的崇拜是因爲她賜予人們藝術財富，給了人們美的源泉。

以上便是泰戈爾的教育理想和爲實現這些理想所做的工作。總起來說，他不愧是位偉大的教育家，他爲建立理想的學校獻出了自己的一切，包括土地、莊園、金錢和自己及其家屬的畢生；他將現代教育和印度傳統教育精神融爲一體，使學生得到德、智、體、美的全面發展；他首創東西文化的交流陣地，促進了各國學者之間的友誼與合作；他還提出了某些精闢的教育理論及原則，如主張教育要結合實踐、教育內容必須立足於本民族的文化傳統，對外來的東西只能消化不能照抄等。這些貢獻在印度教育史上是佔有重要地位的。

但是泰戈爾的教育理想並沒有在現在的印度充分貫徹，爲了適應現代科學技術發展的需要，當年泰戈爾親自締造的國際大學已經列入印度正規大學的系列。

第十章　詩人和藝術家的宗教觀

泰戈爾曾發表過一系列的文章和演講談到自己對宗教的本質、宗教的社會作用、宗教形成的歷史及其現狀的看法，同時也表明自己所信奉的宗教是「詩人的宗教」、「一個藝術家的宗教」和「人的宗教」。他不只一次地在各種宗教大會上發表了這些觀點，並一再強調各宗教之間應該堅決停止教派之爭，重新建立起團結合作的關係。他還在自己的小說和詩歌中傾注了這種新宗教的思想。

泰戈爾一直生活在有著多種宗教信仰的國家。古代印度曾經是吠陀教、婆羅門教、印度教、佛教和耆那教的發源地。到十世紀至十一世紀後又傳入伊斯蘭教。十六世紀由納那克創立錫克教。以後隨著西方資本主義國家的入侵，天主教、基督教也相繼傳入印度。至於來源於波斯、中亞的祆教（即拜火教）在印度境內也有影響，可見，印度自古以來就是東西方多種宗教的匯合點。在泰戈爾生活時期，吠陀教早已經過婆羅門教演變爲印度教，印度教徒當時約占總人口的百分之六十五；佛教則在印度境內逐漸消失，十九世紀初興起佛教復興運動後，才有少量新佛教徒；伊斯蘭教是當時印度第二大宗教，教徒占總人口百分之二十三（包括現在的巴基斯坦和孟加拉國）；其他各種宗教徒共占總人口的百分之十二。不同的宗教有不同的教規和禮儀，他們崇拜各自的神明或教主，有各自的教義、神職人員和宗教組織。隨著歷史的發展和演變，各教內部分歧越演越烈，以致出現分裂並重新組合，形成教中有派，派中又有小派別的局面。教派鬥爭時起時伏，尤其是印度教和伊斯蘭教之間的矛盾，已成爲印度國內主要矛盾之一。泰戈爾爲此深感不安，他說：

> 「在今天科學已經爲我們提供了方便，卽將人類的種族向外擴展去接近其他的種族，但是很難理解的是我們的宗教卻積極維護內部分隔的、並常常引起民族和人民對抗的柵欄，他們各自的信徒毫不猶豫地拿神的名字去漫罵、羞辱或者拚命地傷害恰巧是屬於不同集團的同胞❶。」

泰戈爾看到在印度對立宗教間的神已經變成仇恨、虛榮、勢利和愚昧的庇護所，神遭受到侮辱，已經失去神性墮落成人，人們相互之間經常害怕來自本國同胞的攻擊，甚至宗教鬥爭已打下血的烙印，這一切都已成爲社會災難，嚴重地摧毀了印度國內的財政基礎。同時也成爲殖民主義統治所利用的工具。在〈英國人的恐怖〉一文中，泰戈爾就曾指出：「英國政府挑撥印度教徒反對穆斯林，唆使穆斯林反對印度教徒，從而達到分裂國家，分而治之的目的，這大大延遲了印度的獨立❷。」泰戈爾也看到宗教的不同，也是殖民主義國家利用宗教進行侵略的一種手段，他指出：那些具有帝國主義思想傾向的人們，他們自認爲他們的宗教才有

---

❶ 泰戈爾：〈致宗教大會的賀詞〉，載《無際的天空》，頁262，1964年，加爾各答，英文版。

❷ K.．克里巴拉尼：《泰戈爾傳》，頁207。

唯一的權利，可以毫無疑問地將整個人類世界置於自己的統治之下，他們夢想包含可怕的「單一」的孤獨、貧乏和像沙漠一樣無色彩的聯合。但是，他們忘了，聯合是在天地萬物的根基上包括很多，並且要對他們之間的密切關係予以讚揚，無變化便是死亡，生命應是許多音符的協調。

泰戈爾不但看到了現實社會中各種宗教所帶來的教派鬪爭的危害，而且也指出了這種鬪爭的實質，他認爲宗派鬪爭實際上是受實利主義的支配，具有宗派主義偏見的人往往爲了本派在經濟上和政治上的利益而在信徒的思想中灌輸一種妒忌和分裂的觀念，他們甚至想用教徒數量上的優勢，一時所擁有的權威和表面的輝煌禮儀去建立自己成功的堡壘，在這種思想支配下，以致引起比世俗利益衝突更爲致命的衝突。泰戈爾一針見血地指出：

> 「宗派主義是以宗教本身去製造人們之間的隔閡，削尖了武器是爲了兄弟們的殘殺。……因此，宗派主義是危險的世俗形式，它要求在自己狹窄的圍牆內對所要闡明的思想具有唯一的權利，並以神的名義拒絕承認神是爲大家的❸。」

爲了揭露教派鬪爭的實質，泰戈爾進一步考察了宗教發展的歷史。他提出：每一種宗教在早期都具有解放力量，它們都是爲了調整當時的社會矛盾，使其不穩定因素達到平衡，而採用宗教的名義給自己的信徒提供和平與致善的教導，譬如在行爲上表現

---

❸ 泰戈爾：〈致宗教大會的賀詞〉，頁264，版本同前。

爲美，在特徵上表現爲英雄主義，在一切偉大的文明中表現爲高尙的理想和卓越的成就。但是，隨著傲慢和自負的增長，這些主要的宗教均脫離了它們原有的神聖教義，代之而起的是在宗教的外衣下塞滿了無理性的習俗和機械的宗教實踐。這時的宗教完全失去了自己的活力，而墮落爲空虛和愚蠢。接著由於盲目的激情一時衝動而走向宗派主義的泥坑。繼而每個宗教都變成頑固的堡壘。它擋住我們前進的道路，模糊了人類聯合的視線，直到最後各教派之間都以維護神的美德的名義互相殘殺，從而迫使文明生活完全脫離了宗教原有的教誨。所以泰戈爾總結說：

「每一種宗教開始都具有解放力量，最終卻變成巨大的監牢，這座牢房是建立在被它的奠基者所放棄的基礎上，後來卻成爲操縱在祭司手中的機關，他們自稱是普遍的組織，實際上已成爲分裂和爭鬭的行動中心❹。」

從上面關於泰戈爾對教派分裂根源的分析，可以看出，儘管他沒有進一步揭露形成教派分裂的政治背景、經濟基礎和認識根源，只是歸結爲宗教本身的傲慢和自負，或者歸結爲自我主義的擴大。但是他卻明確地指出了宗派主義的危害、宗教本身的墮落和教派鬭爭的實質，這就有助於揭示宗教在當時印度社會鬭爭中的消極作用。

泰戈爾一方面爲宗教之間的敵對關係感到憂心忡忡，另一方面他又爲宗教本身的墮落感到惶恐不安。他出身於正統的印度教

---

❹ 泰戈爾：〈在宗教大會上的講演〉，載《無際的天空》，頁272，1964年，加爾各答，英文版。

家庭，而在他寫的小說《戈拉》中卻一點也不袒護印度教愚昧落後的習俗和禮儀，小說中描寫主人公戈拉和他的朋友羅瑪帕梯都是虔誠的印度教徒，雖然他們接受過西方「自由主義」的教育，但仍然受到教義偏見的束縛。有一次他們來到一個伊斯蘭教的村莊，居民都是信奉伊斯蘭教的，只有兩個印度教徒住在這裏，一個是心地善良的理髮匠，他不管印度教的教規，收留了一個伊斯蘭教的孤兒。這孩子的父親因不肯把自家河邊的好地租給靛青園主而被警察抓去了；另一個印度教徒就是本村的管理人，是一個欺壓平民的惡棍。羅瑪帕梯爲了保持印度教的純潔，寧肯吃惡棍家的水和飯，也不喝理髮匠的水；戈拉爲了保持宗教的純潔，寧願不吃不喝。小說中描寫了許多虔誠的印度教徒，一生都恪守呆板的教規，他們吃飯、喝水、穿衣、沐浴、祈禱以及嫁、娶、喪、葬，一切都嚴格按照規定執行，人們似乎沒有思想，好像機械的木偶。以致有些新思想的年輕人對這些規矩表示懷疑，認爲

> 「我們社會在吃食、接觸和起坐的問題上，想用來束縛我們的那些鐐銬是多麼沒有道理，而根據宗教，人在這些問題上是有一種與生俱來的自由的。可是……社會不肯把我當人看待，而要把我鑄造成一個機器似的傀儡。」

因此「我絕不會用我的鮮花和檀香膏去向它禮拜❺。」泰戈爾寫道：

---

❺ 泰戈爾：《戈拉》，頁400。載《泰戈爾作品集》（九），1961年人民文學出版社。

「社會的束縛在這些村民中間比在受過教育的人們中間更大得多。在每個人家裏，白天黑夜，沒有一件吃喝的舉動，沒有一件社交的禮儀，沒有一件接觸的行爲，不是時刻都在社會嚴格的監視之下，所有的人，對社會習俗都抱著一種眞純的信仰——從未想到去追問這些習俗是否正當❻。」

泰戈爾深爲自己同胞的愚昧而感到痛苦，他旣沉痛又憤慨地說：「全世界究竟找不找得出一種動物是這樣無能，這樣荏弱，這樣膽小，毫不知道什麼於自己有益，實在是大可懷疑的❼。」他認爲在這些人的頭腦中，宗教的意義實際上已經不存在了，他們沒有對神的信仰和虔誠，有的只是相同的習慣和對表面信條的迷信，他們已經把神的槪念降低到世俗的人，相信神只是站在成功的一邊，這些人已經被懲罰的羅網所包圍，把宗教禁令看得比世上一切都重要，他們與神的關係只是債務人和債權人的關係，這種關係使他們永遠感到是一種束縛。

泰戈爾還在他寫的許多短篇小說中，從不同方面揭露印度教給社會生活帶來的許多弊病。例如在《贖罪》（1894年）中，他描寫了一位青年曾出國留學，這種舉動完全違背〈摩奴法論〉的規定，飄洋過海的教徒要受到剝奪種姓的懲罰。這位青年回國後，有錢的岳父強要他實行懺悔禮，只要沒有吃過牛肉，仍可恢復種姓。青年被迫同意了，他明知這樣做是一種欺騙，無可奈何地說：「旣然社會愛聽謊言，我爲什麼不服從呢？我不認爲這樣

---

❻ 同上，頁453-454。
❼ 泰戈爾：《戈拉》，頁454。

的謊言有什麼不好。我們的社會對一個吃了牛肉的人，要求他的舌頭經過兩種穢物的洗滌，一種是牛糞[8]，另一種是謊言。爲什麼我要違反這種原則呢[9]？」可是，當懺悔儀式正在進行時，他的英國妻子突然從外面闖進來，飛也似地投入這個青年的懷抱。這一舉動把在場的印度學者嚇得目瞪口呆，再也無法辯論了。小說的結尾正是泰戈爾對印度教陋習的最大諷刺。

又如在短篇小說〈獻祭〉（1898年）中，泰戈爾也以嘲諷的口吻描寫了一個土財主，他整天爲無子繼承家業而發愁，於是不惜花費巨資請來一百個婆羅門祭司，晝夜不停地誦經祭神，然後，一邊讓可憐的妻妾們把一百個婆羅門的洗腳水當作神水喝下肚；另一邊讓一百個婆羅門祭司在遍地饑荒的年月吃得腦滿腸肥。結果土財主求子未得，反而狠心地把一個乞兒趕出家門，而這個乞兒恰恰是被他拋棄的唯一的親生兒子。

泰戈爾通過這些小說將印度教愚昧、虛僞、保守、迷信的教規和習俗暴露無遺。他的心情是複雜的，有痛恨也有同情，他一方面爲自己同胞的愚昧無知深感痛心；另一方面對那些玩弄宗教權術欺騙教徒養肥自己的祭司怒不可遏。在泰戈爾看來，當時的宗教已成爲一所監牢，但是身陷囹圄的人並不知道自己是在坐牢，他們也不知道自己的價值。有一座看不見的牆在擋住他們，使他們整天生活在空虛的城堡中，儘管他們被剝奪了自由，然而卻是心甘情願。但是，泰戈爾說：

---

[8] 牛乳、牛奶酪、牛油、牛尿和牛糞稱爲牛五寶。虔誠的印度教徒認爲牛尿和牛糞是去穢滌罪的聖物。

[9] 《泰戈爾作品集》（四），頁53。

「我是一個詩人，是人類和宇宙的熱愛者，愛賦予我應有的洞察力，我或許可以聲稱，有時我能捕獲人類沉默下來的聲音，並且感覺到它受到壓抑而渴望著『無限』，我希望我不是那種身在牢房而不知道它是牢房的人⑩。」

這正是泰戈爾產生新宗教思想的基礎，他出於對人類的愛，洞察一切舊宗教的弊病，試圖衝出牢房，建立一種「詩人的宗教」、「藝術家的宗教」和「人的宗教」。

泰戈爾是有神論者，然而他並不是流俗的宗教徒。人們通常認爲凡是宗教都應有自己的教義和經典，有膜拜的神明或教主，有固定的組織和戒律，有各種宗教禮儀以及神職人員和節日等。如果按照這種觀點來衡量，很難說泰戈爾是一位宗教徒，他自己也承認，當1937年在加爾各答市舉行紀念羅摩克里希那誕生一百周年的宗教大會時，泰戈爾曾說過，當他被邀請爲這次卓越的盛會進行演講時，他感到很爲難，因爲他不知道按照通常的觀念，自己能否被稱爲宗教徒，而不要求他具有任何特殊的神的觀念。他還說：

「我之所以不能接受任何一種宗教學說，這是因爲在我周圍的人們都把它奉爲眞理，我不能設想，只是因爲人人都相信它的價值，我也相信它而接受宗教⑪。」

---

⑩ 泰戈爾：〈在宗教大會上的講演〉，載《無際的天空》，頁265，版本同前。

⑪ 泰戈爾：〈一個藝術家的宗教〉，載《無際的天空》頁213，1964年，加爾各答，英文版。

這說明泰戈爾雖然身爲世襲的印度教徒，但是他並不盲從，他絕不因爲人人都說某種宗教是眞理而就接受它。那麼，爲什麼說泰戈爾提倡的新宗教與傳統的宗教觀念不同呢？其理由是：

一、泰戈爾所信仰的神既不是偶像也不是教主。他作爲印度教徒，從不供奉印度教三大主神——梵天、濕婆、毘濕奴的塑像，對於各種宗教的教主，如佛教的釋迦牟尼，錫克教的納那克，基督教的耶穌，他只是敬佩他們的人格，讚揚他們的思想，而不是作爲偶像來崇拜。在泰戈爾的心目中，神並不具有任何特殊的「神」的形象和概念。

二、泰戈爾雖然深受印度教家庭的影響，但他並非盲目的信徒，也從不遵守毘濕奴教派的各種教規，他從毘濕奴派的教義中只是吸取了神人合一的思想和泛愛的思想，對於種種宗教儀式並不感興趣。

三、他堅決反對一切愚昧落後的宗教習俗，如在恆河中沐浴以滌罪，吃牛身五寶名爲修贖罪苦行等。他還反對藉愚弄教徒來謀生的婆羅門祭司，所以，泰戈爾的宗教思想，是不同於傳統的宗教觀念的。

他的新宗教觀究竟是什麼呢？

泰戈爾回答說：「我的宗教在本質上是一個詩人的宗教，我和宗教的接觸是通過無形的途徑獲得的，好像是我的音樂的靈感。我的宗教生活和我的詩人生活一樣，經歷過相同的神秘的發展道路，然後兩者又神秘地結合在一起⑫。」這句話可以從兩方面來說明：

---

⑫ 泰戈爾：〈一個藝術家的宗教〉，頁213，214，英文版。

首先是關於新宗教的本質。「泰戈爾的宗教本質上是一個詩人的宗教」。他在〈詩人的宗教〉一文中進一步闡明了它的涵義。他說:「在詩人的宗教中，我們沒有見到教條或命令，只不過是把我們全部生命的姿態傾向於眞理，那是在它自己無止境的創造中不斷被顯示出來的⑬。」泰戈爾認爲一切宗教都是人類渴望追求眞理的表現，這種眞理人們往往認爲體現在代表神的某一聖人身上，於是對眞理的追求導致對神或聖人的崇拜。然而在泰戈爾的宗教觀中，眞理的概念卻意味著萬物的和諧與統一，它包括人與人的和諧、人與大自然的和諧、人與神的和諧。這和諧的眞理便是音樂的靈感和美的化身。泰戈爾說，在英國詩人濟慈的詩中，在他同痛苦和絕望的意識掙扎中，我們則看到了詩人宗教的這種本質。濟慈在〈恩狄芒〉一詩中這樣寫道:

「一件美好事物永遠是一種歡樂;
它的美妙與日俱增;
它決不會化爲烏有;
而是會使我們永遠有一座幽靜的花亭，
一個充滿美夢、健康和勻靜的呼吸的睡眠。
因此，每天早上，我們都在編織
一根絢麗帶子把我們束縛於人世，
不管失望，不管無情的人缺少高貴的本性，
不管愁苦的歲月，
不管設下爲我們搜索的不健康的黑暗的道路。

---

⑬ 泰戈爾:〈詩人的宗教〉，載《創造的統一》，頁16，1988年，麥克米倫公司駐印度分公司第十版。

是呀，不管一切，一個美的形體

從我們陰暗的精神上移去棺衣⑭。」

泰戈爾在分析這首詩時，指出：這裏暗示著眞理是在美中呈現它自身。因爲如果美只是偶然的，只是事物永恆結構中的一條縫隙，那麼它將受到損害，將在事實的衝突中被摧毀。然而美不是幻象，它具有實在的永恆意義。事實引起的沮喪和憂愁只是薄霧，當美透過薄霧頃刻間突然閃現時，我們就會認識到平和是眞而爭鬪則不然，愛是眞而恨不然，眞理是「一」而不是「多」的堆集。我們就會認識到創造是永存在無限完美的理想和繼續不斷實現這種理想之間的和諧。因此在正確的理想與阻礙達到這種理想的事物之間，只要沒有絕對的分離，我們便不必害怕痛苦和損失，這便是詩人的宗教。從這裏我們看到，泰戈爾所指的詩人宗教，在本質上是追求平和與愛的永恆的眞理，這種眞理又通過美來呈現。因此，美就意味著和諧，它是善與惡、愛與恨，平和與爭鬪，實現理想和阻礙實現理想之間的協調之美，也是無限有限相統一之美。在善與惡之間，善是永恆的眞理，抑制惡的過程，便是通過和諧達到永恆眞理善的過程；在愛與恨之間，愛是永恆的眞理，是通過對恨的克制來實現的。因此，詩人的宗教必將引導人們去惡從善，在美中實現普遍之愛。詩人的宗教「承認有罪惡的事實；它公開容許這個世界上的沮喪、狂熱和煩惱，容許人們坐在那裏聽著彼此的呻吟」，但是它還是不會忘記「夜鶯的歌唱」、「白色的山楂」、「牧野的薔薇」，這一切充滿了生命的

---

⑭ 引自《濟慈詩選》，頁4，1983年，上海譯文出版社，朱維基譯。

美的和諧，這就是詩人宗教的本質。泰戈爾說：「我感到，最優秀的宗教應同情一切生物，愛是一切宗教的基礎⑮。」這種愛不但要賦予人和神，也要賦予美麗的大自然。

在《一個藝術家的宗教觀》中，泰戈爾表達了同樣的宗教觀。他認爲：

> 「單純的事實信息，單純的力量發現，屬於事物的外在東西，而不屬於事物的內部靈魂。當我們通過眞理發出的音樂，通過眞理向我們內心的眞理發出的問候而感到歡樂，從而觸及到眞理之時，喜悅是我們認識眞理的一個標準。一切宗教的眞正基礎就在於此；它不在教條中⑯。」

並說，只有通過對愛或善的純粹眞理的感受，而不是通過神學家的解釋，不是通過對倫理道德教義的廣泛討論，我們才觸及到在我們內心裏的無限實在。所以藝術家的宗教就是崇拜和表現宇宙的統一，通過有限來親證無限，在善、愛、美和偉大中感受超越有限的這種歡樂。

總之，泰戈爾的宗教，在本質上是詩人的宗教和藝術家的宗教，也就是追求眞理的宗教。這種「眞理」既不是指自然科學的定理，也不是指人類社會和人類思惟中的某一規律。它是體現在有限中的永恆的無限，這無限，是眞、是善、是美、是平和與愛的象徵，是萬物之和諧、宇宙之統一。

其次，是關於獲得新宗教的神秘道路。泰戈爾說：

---

⑮ K. 克里巴拉尼：《泰戈爾傳》，頁 188，中譯本，灕江出版社，1984年，廣西南寧。

⑯ 《一個藝術家的宗教觀》，頁14，1984年，上海三聯書店。

「詩人的宗教是流動的，好像光和影在環繞地球的大氣中捉迷藏，而風像一個牧童在雲層中吹奏他的蘆笛。詩人的宗教永遠不會將任何地方的任何人引導到任何固定的結論，而是顯示出它的無際的光明的天空，因爲在它周圍沒有圍牆⑰。」

並且明確提出：詩人和藝術家的宗教其最終眞理是人格的眞理，它是一種直覺的宗教，而不是一種供分析和爭辯的玄學體系。這種宗教對於習慣於刻板的宗派組織信條的人來說，一定會感到太模糊、太靈活。然而泰戈爾認爲它雖然像黎明一樣模糊不淸，卻也像黎明一樣明媚，因爲它使我們的思想、感情和行動變得自由並注入光明。它的志向不是爲了日常實用去束縛「無限」，而是爲了幫助我們的意識擺脫物質的束縛。

從上面這些論述，我們對泰戈爾的新宗教的神秘性有了較淸晰的理解，它表現爲流動性、人格性和直覺性三個特點。

其一，流動性，泰戈爾所崇拜的神不具有任何特殊的神的概念，他心目中的神是抽象與具體、無形與有形，無屬性與有屬性的統一體。神是大自然的靈魂，是人世間的大我、超人，同時也是自我的靈魂。這種流動性在《吉檀迦利》中表現最爲突出。神作爲泰戈爾的終身旅伴以各種不同的身份給他以鼓舞、慰藉、同情和友誼。泰戈爾的神雖然看不見、摸不著，似乎是理性的化身，但他又充滿生氣，有血有肉，富於感情，抱有愛心。

流動性的另一種表現卽是追求有限中的無限。這「無限」又

---

⑰ 泰戈爾：《詩人的宗教》，頁16，版本同前。

是模糊而明媚的統一。在大自然中有「無限眞理」，在人類社會有「無限人格」，它又稱爲「普遍的人」、「最高我」和「人中之人性」。正像泰戈爾所說，詩人宗教的流動性永遠不會將任何人引導到任何固定的結論。

其二，人格性。在泰戈爾那裏，人格意味著個性。他的新宗教屬於個人的宗教，正像他的詩歌和藝術一樣具有獨特的風格並表達了自我的感情和創造力。他說，從我幼年起，我就有著強烈的敏感性，它使我的心靈一直和我周圍的自然和社會相通，產生情感的交流。我常常感覺到是人格的深切滿足，這人格從四面八方通過生活交流的渠道流入我的本質。他強調獲得宗教所追求的眞理，不是通過知識，而是要親身體驗到靈魂的歡樂。所以泰戈爾的喜怒哀樂完全體現在以詩歌和藝術形式所表達的宗教感情中，宗教成爲他日常生活的組成部分。他追求宗教生活的「眞」和追求藝術生活的「美」，兩者融爲一體。他的宗教是爲了親證內心的無限，使個人靈魂與宇宙靈魂合二而一；他的詩歌和藝術則是表達靈魂歡樂的工具。兩者相輔相成，同樣具有泰戈爾的人格性，同樣經歷了神秘的發展道路。

其三，直覺性。在第五章認識論中已談到感覺、直覺和推理是認識事物的三種途徑。泰戈爾將這三種形式賦予三種不同的作用，他認爲只有直覺才能感受到神的觸摸，才能直接體驗到靈魂接觸永恆無限的這種歡樂。他曾說過「在我們自己的靈魂中，最高神的幻象是直接的和直覺的，它不是建立在推理或一切論證上⑱。」並且說，我們的心靈對最高眞理有時會迷惑不解，但是，

⑱ 泰戈爾：《人生的親證》，頁70，版本同前。

通過自己靈魂的直接歡樂而認識最高眞理的人，就會擺脫一切疑惑和畏懼。泰戈爾強調的直覺所以具有神秘感，是因爲他常常通過直覺和他內心的神進行感情上的交流，如《吉檀迦利》第45首，他寫道：

「你沒有聽見他靜悄的脚步嗎？
他正在走來，走來，一直不停地走來。
每一個時間，每一個年代，每日每夜，
他正在走來，走來，一直不停地走來。………
四月芬芳的晴天裏，他從林徑中走來………
七月陰暗的雨夜中，他坐著隆隆的雲輦，前來………
愁悶相繼之中，是他的脚步踏在我的心上，
是他的雙脚的黃金般的接觸，
使我的快樂發出光輝。」

在這首詩中，他是泰戈爾內心的神，泰戈爾從直覺出發，感到他不停地向自己走來，直到接觸了他的黃金般的雙脚，才迸發出靈魂的歡樂。實際上，這個無形的、神秘的他只是泰戈爾直覺中的一種幻象。所以泰戈爾強調直覺一定是直接的、瞬間爆發的反應，它不是對事物的局部而是對全體的認識，是對「一」的一種感受。人對於自己的直覺有時難以說淸，只能意會不能言傳，在人與自然、人與人、人與神的關係中，如果經過長期的協調、觀察、體驗和感受，便會突然爆發出一種驚奇。泰戈爾認爲這驚奇正是神的觸摸，它證實了永恆無限的存在。

通過上面的分析，關於泰戈爾的新宗教思想，大致可以概括

爲以下幾個特點:

一、他的宗教信仰對象不是固定的神或聖人，而是流動性的有形中的無形，有限中的無限，人中的超人，小我中的大我，個人靈魂中的宇宙靈魂，眞理中的最高眞理以及眞、善、美的統一體，這一切不同的名稱均具有同一的意義。

二、他的宗教所崇尚的經典只是奧義書的理智部分，即「梵我同一」的核心思想，這是吠檀多不二論哲學的基礎。它既是泰戈爾世界觀的依據也是他的宗教觀的核心。

三、他的宗教既沒有某種組織形式，也沒有享受特權的神職人員，它是人格的宗教，純屬個人的宗教。因此，它不囿於單一的教派成見。

四、他的宗教既不舉行種種祭祀儀式，也不奉行愚昧落後的教規習俗，而是通過內心直覺的證悟來達到在感情上和思想上與神的交往，從而感受到接觸無限的歡樂。

由此可見，泰戈爾所提倡的新宗教完全不符合傳統的宗教概念，因此也就具有不同的意義和作用。由於他的宗教沒有特殊的神的觀念，又沒有固定的宗教組織，所以他認爲這種宗教可以衝出現有的宗教牢房，可以淸除狹隘的教派界限，避免禍國殃民的教派之爭。泰戈爾本人一向對教派衝突十分反感，他總是提倡多音符的協調，主張在各宗教之間重新建立一種團結合作的關係。在他作詞的印度國歌中曾寫過這樣一段歌詞:

「你的聲音日夜從這地走到那地，
召喚印度教徒、佛教徒、錫克教徒、耆那教徒、
和祆教徒、伊斯蘭教徒、基督教徒

來圍繞在你的座前。
從東陲到西極向你龕前敬禮
來編成一串愛的花環⑲。」

他還多次肯定不同的宗教可以具有共同的願望，他歌頌佛教的慈悲爲懷；基督教的博愛思想；錫克教的愛國行爲。這種宗教觀反映了泰戈爾對一切宗教聯合起來的美好願望，同時也在被教派紛爭弄得筋疲力竭的印度民族主義者中間，點燃起團結全印人民進行反殖鬪爭的火炬。因此他的新宗教理想在一定的歷史時期，具有進步意義，有助於全印人民的團結。

由於他的宗教信奉有限中的無限，並強調無限通過有限來體現；他所崇拜的神又是具有人格的神，這樣，就使泰戈爾的宗教完全建立在人類社會現實（卽有限）的基礎上。他一再強調實現眞理的最好機會是在人類社會中，社會是人類的集體創造，通過他人的社會生命才能在眞和美中發現自己。根據印度傳統的宗教觀，總是把教徒對幸福的渴望引導到彼岸或來世，而把現實社會視爲苦海。擺脫現世之苦求得來世之永生是許多宗教徒修鍊的最終目標。其修鍊途徑則多種多樣，或從內省，或以苦行，但多信奉出世哲學。泰戈爾的新宗教卻以入世哲學爲本，立足於改變社會現實，通過自身的創造行爲，在推動社會的進步中來感受靈魂觸及無限的歡樂。

由於他的宗教沒有繁瑣的禮儀，也不奉行庸俗的戒律和習俗，這樣，可使印度教社會的許多弊病——偶像崇拜、種姓分

---

⑲　《泰戈爾選集·詩集》第51首。

離、繁瑣祭禮、起居坐臥、沐浴、讚神等各種僵死的教條逐步加以克服，它有助於改變印度人民的精神面貌，使他們從緊緊被束縛的思想牢籠中解放出來，成爲有人格、有個性的獨立的人。

但是，泰戈爾的新宗教由於它強調個人內心與神的交往，強調個人對神的感受，神只是個人的眞理，宗教已被人格化。從而使人產生一種神秘感，似乎他的宗教是無形的、抽象的、虛幻的，而不像其他宗教那樣具有在組織壓力下的迷惑人心的煽動作用。所以他的宗教也像他的詩歌和藝術一樣，只屬於泰戈爾本人，神的情感隨詩人的情感變化而變化。結果，如信奉泰戈爾的宗教，每個人都會有他自己想像中的神，宗教本身也就完全失去了一般宗教的涵義。宗教不再是社會性的宗教，而只是詩人的幻想，它只是某個「詩人的宗教」和「一個藝術家的宗教」。

第十一章　協調與韻律的美學觀

V. S. 納羅婆尼認爲泰戈爾的美學觀似乎啟發了他的玄學和倫理學思想，美學並不是他哲學思想的一個階段，更不是像在康德哲學體系中的終結階段，而是他全部思想的基石，在玄學、道德和社會問題上，他的最深刻的見解均充滿了美學的觀點❶。可見美學在泰戈爾的思想中佔據著相當重要的地位。然而，要想瞭解泰戈爾的美學觀，就必須首先瞭解印度美學思想的發展歷史和它獨有的特點。

印度是世界著名的文明古國之一，印度人民早在遠古時代就已經創造出圖案優美的陶器、印章和壁畫。從摩亨佐達羅和哈拉帕發掘出的古城遺址來看，大約在公元前 2200 年至公元前1750年，印度人民已經創建了規模宏大的建築羣和美觀實用的各種勞動工具。從早期佛教文獻的記載來看，當時印度社會上已存在64種技藝，如製陶、紡織、採礦、鑄鐵、冶銅、建築、繪畫、雕塑、藥材加工和造船等，其規模之大已相當驚人，據說一位名叫薩達拉帕塔的富裕陶工主已擁有五百個製陶工場；當時（公元前二世紀至公元三世紀）所造的船隻已能遠航到東南亞、馬來亞一帶，最大的噸位達750噸，能容納500-700人。建築、雕塑和繪畫

---

❶ 參見V. S. 納羅婆尼:《泰戈爾導論》，頁50-51，1977年，馬德拉斯，英文版。

工藝，力量也相當雄厚，當時的象牙行會曾把桑奇大塔四周的入口和欄桿全部做出石雕；有的行會將雕鑿繪製好的整座石窟捐贈給不同的宗教派別。可見古代印度已經有了高度發展的文明。伴隨這種文明所產生的美學思想，大約在二世紀已形成系統的理論著作，那就是由婆羅多仙人撰寫的《舞論》。該書的主要內容是結合戲劇演出以闡明美學的原理。它開宗明義，說戲劇的功利目的就是依據上、中、下〔三等〕人的行動，賦予有益的教訓；戲劇不僅是爲人間服務，而且要爲天神服務，是對三界全部情況的表現；戲劇與現實密切相關，它以各種各樣的情況爲內容，反映人間的生活，使有苦有樂的人間本性得到形體的表演。書中首次提出印度美學特有的範疇「味」與「情」，規定好的戲劇要表現八種情調（卽味），它們是艷情、滑稽、悲憫、暴戾、英勇、恐怖、厭惡、奇異。並指出人隨「味」而產生「情」，「味」是根，一切「情」由它們而建立。《舞論》中所提出的這些原理和範疇，後來成爲各派文藝理論的依據。

隨後，有結合詩歌藝術論述美學思想的《詩莊嚴論》（七世紀）、《詩鏡》（七世紀）和《韻光》（九世紀）等著作。《詩鏡》曾傳入我國西藏，作者檀丁。書中重點強調詩的形體和修飾，著眼於形式美，對詩的格律、語言、形體、風格，甚至音和詞的連綴一一作出規定，提出「有修飾，不簡略；充滿味和情；詩章不太冗長；韻律動聽；連聲妙❷。」並且對「味」作了進一步的說明，肯定「味」是美好的，它不僅存在於詩的內容，也存在於詩的形式。就美的內容來說，主要是指高尚的品德、壯麗的

❷ 《古代印度文藝理論文選》，頁 24-25，（金克木譯），1980年，人民文學出版社。

業蹟、美好的事物等；就美的形式來說，主要是指語言中的雅語、連聲中的諧聲等。《韻光》的作者是阿難陀伐彈那（意譯歡增），該書不強調詩的修飾，而提出詩的主體應是「韻」，「韻」在這裏不是指聲音優美的韻律，而具有「暗示」的意思。作者認爲詩的形體、美的諧聲、音詞連綴的甜蜜、好的風格等等，這些固然是不能否認的詩德，但是「詩的靈魂是韻」，「韻」有兩種特性，卽字面義和領會（暗示）義，字面義是顯喻，領會義是隱喩，只有從領會義中方能品出「味」，繼而產生「情」。

公元八世紀以後，商羯羅集吠檀多哲學之大成，建立了「梵我不二論」，「梵我合一」與「神人合一」的思想成爲中世紀的統治思想，這時的美學作爲哲學和宗教的附庸，也完全體現了這種原則，詩歌、舞蹈、繪畫、雕刻多以阿難達（喜），尤其是神人合歡之喜作爲美的最高境界，如十一世紀新護所寫的《韻光注》和《舞論注》就提出藝術品的「味」與「韻」必須能令人達到「喜」的境界，卽達到物我雙亡、主客合一的精神境界。

印度美學傳統除了在詩歌創作和戲劇、舞蹈的表演中強調「味」「情」「韻」之外，還在繪畫和雕刻藝術中講到畫法六支，卽形別與諸量、情與美相應，似與筆墨分❸。在音樂藝術中則強調是否奏出了一個特殊的音調，屬音和下屬音的輕重高低是否各如其份。

到了近代，印度美學思想受到西方哲學、美學和心理學的影響，形成了旣有傳統思想又有西方科學知識的新型的美學。

---

❸ 畫法六支的涵義見金克木著：《印度文化論集》，頁201-204，〈印度的繪畫六支和中國的繪畫六法〉，1983年，中國社會科學出版社。

總之，印度和其他大多數國家和地區的情況一樣，人們的藝術實踐遠遠早於他們的美學理論的產生與發展。美學在印度也不是一門抽象的藝術科學，而是和具體藝術創造緊密相連，美學原理的論述總是通過對詩、畫、舞、劇的論述來表達。印度具有自己傳統的獨特的美學範疇，他們的文藝理論一直沿用「味」、「情」、「韻」、「莊嚴」、「似」等概念，來說明和鑒別藝術中的美，只是在不同歷史時期，對不同派別有其不同的內涵。「和諧」則是印度一切藝術創作和欣賞的最高準則。「神人合一」、「主客合一」、「我與自然合一」、「小我與大我合一」，這些是內容美的準則；聲音的和諧，比例的勻稱，色彩的協調，韻律的均衡，這些是形式美的準則。而內容和形式的統一，又是藝術美的總則。以上這些印度傳統的美學思想，儘管在歷史上曾受到希臘、阿拉伯和波斯的影響，在近代受到西方藝術思潮的影響，但是直到今天，它在本質上仍然固守著印度傳統的特色，形成印度藝術獨有的風格。

泰戈爾的美學思想正是對印度傳統思想的繼承和發展。

(一) 論美的本質

泰戈爾首先肯定美不是脫離周圍世界的一種抽象，他認爲歐洲人往往喜歡談論抽象的美，並因此而產生出不同的派別，這些派別各自揮舞自己的旗幟，他們撇開世界眞實的東西而不顧卻在喋喋不休地追求美，爭論美，其結果是每跨一步都得小心謹愼，使自己寸步難行。這些人自認爲完全從日常平凡俗氣的事物中超脫出來了，於是他們就對大多數人的平凡生活加以詆毀，而同時卻又以妙法生輝的筆墨添枝加葉地大肆宣揚對美的渴求，這種做法事實上不但不能使人感到快慰，反而會感到冷漠無情。泰戈爾說：「美不是幻想，它具有實在的永恆意義❹。」然而，美也不是指事實本身，因爲事實有時會引起沮喪和憂愁。美則意味著某種實現，卽愛的實現，「美就是『一』對另一個『一』的自我奉獻❺。」前面的「一」指個人，後面的「一」指他人、神或大自然。因此，美是連結人和他周圍世界的紐帶，在萬物的和諧中才體現出美。所以他說：「事實引起的沮喪和憂愁只是薄霧，當美透過薄霧頃刻間突然閃現時，我們就會認識到平和是眞而爭鬪則不然，愛是眞而恨不然，眞理是一而不是多的堆集❻。」如果把美從周圍事物中抽象出來，那就使它成爲無源之水，無本之木，這正像一條河流，我們用堤壩把它圍起來，此時河流本身就不復存在而變成了池塘。所以，泰戈爾說，不管是美還是其他偉大的事物，只要我們把它封閉起來，與周圍事物不再接觸，那麼它就會失去眞實的本性。

對於美來源於生活，美不能脫離周圍事物而存在的認識是有一個過程的，泰戈爾說：

「我們最初與美相識是在於它有五顏六色的外形，它的條紋和羽毛吸引著我們，不僅如此，還以它損壞的外形來刺激我們。但是，當我們和美的相識熟悉了，這種美與醜明顯的不一致則表現爲韻律的調節，最初我們把美從周圍事物中分解出來，我們認爲它可以脫離其他事物，但是最終

❹ 泰戈爾：〈詩人的宗教〉，載《創造的統一》，頁15，1988年，馬德拉斯，英文版。
❺ 泰戈爾：〈詩人的宗教〉，載《創造的統一》，頁19，版本同前。
❻ 泰戈爾：〈詩人的宗教〉，載《創造的統一》，頁15，版本同前。

我們領悟到它與全部事物的和諧❼。」

泰戈爾認爲一切藝術都是反映現實生活中和諧之美。「藝術是一支魔杖，它能使永恆的實在賦予一切可接觸的事物，使它們與我們個人的生命相結合。我們面對這些藝術品說，我瞭解你，如同我瞭解自己一樣，你是眞實的❽。」這說明泰戈爾是一位現實主義者，他將現實生活作爲美的來源，作爲一切藝術品的眞實內容。

更可貴的是，他對現實生活的理解是全面而廣泛的，在生活中不僅有王公、貴族、聖人、英雄，而且也有平凡的，甚至看來是庸俗的小人物。然而，泰戈爾把這一切都作爲自己創作的素材，正像 V. S. 納羅婆尼在評論他的音樂作品時所說的：

「在內容方面，人生的面面觀，大自然的萬千氣象，無不反映在羅賓德拉納特的樂曲裏。從帕德瑪河、恆河上擺渡的艄公，到井邊去取水的姑娘，種稻子的農婦，浪跡四方的歌手，飛梭走線的紡織娘——詩人在凡人瑣事中聽到了生命的樂章❾。」

泰戈爾的這些思想正是對印度傳統美學思想的繼承；美不是抽象的概念而是現實生活的反映。薩拉夫在《印度社會》一書

❼ 泰戈爾：〈在美中親證〉，載《人生的親證》，頁 230，1921年，萊比錫，英文版。

❽ 泰戈爾：〈一個藝術家的宗教〉，載《無際的天空》，頁222，1964年，加爾各答，英文版。

❾ V. S. 納羅婆尼：《泰戈爾評傳》，頁209，1985年，重慶出版社。

中對這種傳統思想曾作如下說明:

> 「觀察一下佛陀、羅摩、克利希那、濕婆以及其他一些所謂的神吧，他們都有與人一樣的特徵，身旁都有妻子，都用裝飾品打扮起來，他們就是這樣過著地地道道的塵世生活。……再看看宮殿、城堡、寺院、神殿、清眞寺和錫克教廟宇吧，每座建築都是按人類住所中的走廊、棟樑、門窗、牆壁、天棚、房間、廳堂、裝飾、器皿和家具的式樣建造的。……美自來就存在於生氣勃勃的現實之中，而不是存在於抽象之中。因此，印度的藝術史表明：印度普通勞動人民的藝術家在每一特定的階段都眞實地反映了他們周圍的物質世界以及生活於這個世界中的人物；他們所表現的，不是剝削階級的精神世界，而是人民和他們的日常生活的世界。藝術從來沒有脫離過現實生活⑩。」

泰戈爾基本上繼承了這一優秀的傳統。

其次，泰戈爾肯定美產生於勞動，它是人類通過勞動和才智自由創造的結果，是勞動創造了美。他認爲在遠古時代，當人類還處於大自然的奴隸地位時，人類的一切勞動和創造只是爲了實用的目的，他建造洞穴是爲了躲避風雨、嚴寒和野獸；他學會種植是爲了取得食物。但是大地和上天所賜予人類的東西往往不合人類的需要，於是人就逐漸按照自己的意願開始創造一切便利。在這方面，人和動物不同，動物只滿足於生存的需要，而人的精

⑩ R. P. 薩拉夫:《印度社會》，頁443-444，1977年，商務印書館。

力卻有足够的富餘，因爲在人的內心存在著無限，因此，他在實用的目的中發展了人類的情操，這時，武士所使用的刀劍不只是爲了戰鬪，同時也要借助於裝飾來顯示自己的高尚和英武；廟宇不只是爲了拜神，同時也要借助神廟的華麗和儀式的莊嚴來寄託人的虔誠感情。人的這種創造力是無限的，他通過自己的雙手不但創造和改變了物質世界，同時也創造和豐富了精神世界，泰戈爾曾說過，藝術就是人的創造性靈魂對「眞」的召喚的回答。同時，泰戈爾還明確指出，勞動創造的一切並非都是美的，只有那些賦予美的形式的創造才稱得上是美的。因此泰戈爾強調一件美的藝術品，不但要有「眞」的內容，而且要有「美」的形式。

對於眞與美的關係，泰戈爾是這樣描述的，他說：「我們通常稱之爲美的東西，那些表現爲線條、色彩和聲音的和諧的東西，或表現爲言詞與思想一致的東西，之所以令我們愉悅，只是因爲我們不得不承認其中包含著最高眞理⓫。」他肯定「美卽是眞，眞卽是美」，二者不可分割。他指出，通過眞的觀念我們認識了宇宙中的法則；通過美的觀念我們認識了宇宙中的和諧。當我們認識了宇宙中的法則時，我們擴展了自己的優勢，使自己的物質力量變得強大了；當我們認識了人類內在本性的法則時，我們則獲得了超過自我並變得自由的優勢；同樣當我們認識了宇宙中的和諧時，我們的生命就會日益分享到宇宙中的歡樂。眞與美作爲統一體的來源，同時反映了宇宙中和諧的法則。

至於美與善的關係，泰戈爾認爲這是兩個不同的概念。善所以能吸引我們是因爲它有功利的目的，它能使我們受益；而美是

⓫ 泰戈爾：〈一個藝術家的宗教〉，載《無際的天空》，頁218，版本同前。

一種心靈的感受，它能使我們愉悅與神往。僅僅這樣理解還不全面，因爲善一方面滿足我們的需要，另一方面它本身又是美的。這就是說，善除了實用的目的之外，還有一種美的吸引力。泰戈爾認爲單純的實用不是美，如米飯、鞋子、衣服、雨傘，這些東西從實用的角度看不能喚起我們的美感。但是，在史詩《羅摩衍那》中，羅什曼那隨同哥哥羅摩去森林流放的故事卻能撥動人們的心弦，這是因爲善的內容賦予了優美的語言和韻律。所以泰戈爾說，當善的東西和周圍世界建立了十分融洽的和諧時，就產生了美。善是美的完美的本質，美是善的完美的形像。眞、善、美完全可以統一於一體。例如，當個人爲了全人類的利益而英勇獻身時，這種崇高的美（英雄形象），旣體現了他的善（爲人類利益犧牲），也反映出他的眞（人性偉大的眞理）。所以，泰戈爾說：「藝術的職責就是要建立起人類的眞正世界——眞理和美的活生生的世界⑫。」

從上面這些觀點我們看到泰戈爾承認美是客觀現實的主觀反映，它來源於生活經過主觀加工（卽心靈的創造）又再現於生活。他否認有脫離現實而獨立存在的純主觀的抽象美，同時也認識到主觀對客觀的反映可以表現爲多種多樣的形式，然而只有賦予藝術形式的表達才是美的。哲學、科學和藝術不同，前者屬於理性認識的範疇，它需要借助於智慧和思維；而後者（藝術）屬於感覺和直覺的範疇，它主要是借助於形象的語言。泰戈爾還承認美和眞是不可分的，眞的東西才是美的，美如果脫離了眞，裝飾得不管多麼美，它只能是一項時髦的女帽，或者說是一塊表面

---

⑫ 泰戈爾：《人格》，頁31，1985年，馬德拉斯，英文版。

光滑的鋼製品，而絕不是生活的鋼坯。

但是，值得注意的是，泰戈爾所說的「眞」，不一定就是指客觀事物的本質和規律，它也包括「神人合一」、「超人」、「人道主義」這些「眞理」。例如《吉檀迦利》這部優美的詩集，它具有純眞、恬靜、質樸和愛的韻律，從形式上看的確是一部值得讚賞的詩歌藝術品，但是它所反映的內容卻是「神人合一」的思想。詩中寫道：

「我的一切存在，一切所有，
一切希望，和一切的愛，總在深深的秘密中向你奔流。
你的眼睛向我最後一盼，我的生命就永遠是你的⑬。」

「你是天空，你也是窩巢
呵，美麗的你，在窩巢裏就是你的愛，
用顏色、聲音和香氣來圍擁住靈魂。
在那裏，清晨來了，右手提著金筐，
帶著美的花環，靜靜地替大地加冕。
在那裏，黃昏來了，越過無人畜牧的荒林，
穿過車馬絶跡的小徑，在她的金瓶裏
帶著安靜的西方海上和平的涼飈。
但是在那裏，純白的光輝，統治著
伸展著的爲靈魂翺翔的無際的天空。
在那裏無晝無夜，無形無色，
而且永遠、永遠無有言說⑭。」

---

⑬ 泰戈爾：《吉檀迦利》第91首，1983年，人民文學出版社。
⑭ 泰戈爾：《吉檀迦利》第67首，版本同前。

這些詩的形式美和內容眞又該如何理解呢？這裏的「眞」究竟是指什麼呢？芝加哥的《詩歌》雜誌給予了如下的評論：「這位孟加拉人給我們帶來了寧靜，這種寧靜對處在鋼鐵和機器時代的我們來說是十分必需的。他平靜地宣揚人和上帝之間以及人和自然之間的友情⑮……」這大概就是詩人所追求的美與眞的和諧吧！

這裏還需說明的是，泰戈爾強調美與眞的統一，眞是指眞理，不是指和實在一樣的眞實。因爲藝術品是靈魂的再創造，它只要求表現事物和諧的眞理，並不是實在的仿製。正如泰戈爾所說，有時「眞實」是沿著「實在」的線索創造出來的，但這種「眞實」肯定不與「實在」同一。這裏加入了創造者主觀的因素。

（二）　論美感

什麼是美感？泰戈爾認爲美感是對美好的事物的享受，也稱爲快感。美感既是客觀的也是主觀的，作爲現實世界的組成部分而被詩化的事實可以成爲美感的來源，而感情本身又是主觀人格的表現。泰戈爾說，我們確信無疑的知道，爲了深刻而完全地和「眞實」結合，美感笑容可掬地降臨到我們內心，它別無他意，只是爲了享受快樂。每當湛藍的天空沐浴著我們整個心靈的時候；每當黃昏將金色的袈裟披在灰暗色的大地上的時候，我們就會脫口而出「啊，多美呀！」；春天到了，當樹上的新葉展現在我們面前，如森林女神的纖嫩手指撫摸我們的面頰時，我們從心裏感到春意盎然，充滿美的享受。這說明美感的產生一方面與美的對象相聯繫；另一方面又和審美的個體相聯繫。

---

⑮ K·克里巴拉尼：《泰戈爾傳》，頁279注3，1984年，灕江出版社

泰戈爾進一步指出美的對象之所以是美的，應體現出它們的完整性與和諧性。譬如一位雜技演員，他手裏拿著許多球，時而一道拋起，時而一起抓住，通過這樣的表演他爲我們創造了美的完整的形象，從而使我們產生快感。但是，如果我們只看見拋起的瞬間或者是抓住的瞬間，那麼，這種快感就不會產生。泰戈爾認爲這是因爲只有完整地觀察事物，發現事物之間內在的韻律，才能產生美的享受。同樣，哀與樂、善與惡、生與死這些變化著的事物，看起來是矛盾的對立，但是它們卻反映了宇宙內在的和諧與韻律，只要我們學會整體地去觀察它們，就會發現在任何地方都不缺乏美。所以泰戈爾說：「美無所不在，任何事物都具有使我們享受的能力⑯。」美學的最終目的就是教會人們去完整地欣賞美。泰戈爾的這些觀點無疑地包含著辯證思維方法，譬如沒有惡就分辨不出善，惡只是善的不完美形式；沒有哀就體會不到樂的趣味；沒有死也就沒有生的價值。所以，美學不僅要研究美，也要研究醜；戲劇不僅演喜劇，也要演悲劇。美與醜，喜與悲從整體來看同樣反映出美感對象的眞實的和諧，都能使人產生美的享受。正像醜娃娃，醜得可愛，悲劇感人肺腑一樣。

關於美感的主體，也就是美的享受者，泰戈爾十分強調人格的主導作用，人格是指眞正的個性，個人的性格，它的作用主要表現在兩個方面：一方面具有人格的人是美的鑒賞者；另一方面他又是美的再現者（創造者）。作爲鑒賞者來說，除了要具有審美的經驗以外，更重要的是要具有審美感，卽審美的情操。審美感的水平高低由人的多種因素決定，如他的性格、思維方式、教

---

⑯ 泰戈爾：〈在美中親證〉，載《人生的親證》，頁229，1921年，萊比錫，英文版。

育程度，所處的社會環境等。正像一朵玫瑰花，對於商人來說，他所關心的只是它的市場價格，花的美麗不是用於個人欣賞而是用於判斷價格的高低。一條河流，漁夫所關心的只是河裏的魚，而只有詩人才能欣賞到落日的餘暉、寂靜的蒼穹、平滑如鏡的水面和色彩繽紛的光影。這說明受功利支配的人，必然會束縛了自己的審美感，他面對自然卻不能充分享受大自然所賜予的美。

作爲美的再現者來說，人的主導作用更爲突出，拿詩歌來說，泰戈爾回憶道：

「個人情感的奔放是那個時代（指十九世紀）詩歌中的現代化的標誌。華茲華斯是以個人方式表達在寰宇自然中所取得的享受；雪萊有著柏拉圖式的多情善感，同時也有對民族的、宗教的等等一切障礙的反叛精神；濟慈的詩則注重詩體工整。那時詩歌的拐彎（人們稱它爲摩登）就是從外部世界轉向內心世界⑰。」

又說：

「在我生活的開始階段，我所熟悉的那些英國詩人，他們是以自己內心去觀察外界的，對他們來說世界只是個人的。他們的想像、觀念和興趣不僅僅把世界變成普通的精神世界，而且也把它變作某一詩人的內心東西。華茲華斯的世界是華茲華斯所特有的；雪萊的世界是雪萊所特有

⑰ 泰戈爾：〈現代詩歌〉，載《詩探索》，1981年第2期，頁92，四川人民出版社。

的；拜倫的世界爲拜倫所特有的⑱。」

泰戈爾對這些詩歌極爲讚賞，他認爲在藝術創作中突出人格的作用，這才是眞正的藝術。藝術不該和科學相同，科學要獲得對象物的知識，必須排除個體主觀的干擾；而藝術是要獲得對象物的靈魂，因此，它不但要認識客體，還要以個人的感情去觸及它，所以泰戈爾說：「在藝術裏面，人顯示了他自己而不是他的對象物⑲。」

從上面這些觀點我們看到，泰戈爾在強調人的能動作用，人在藝術中的主導地位方面，已經超越了印度傳統的美學思想。歷史上傳統的美學觀主要是強調對生活的模倣與寫實，而泰戈爾卻深受西方近代人道主義和人性論的影響，主張在藝術中突出人的積極作用。此外，在創作方法上，泰戈爾將西方的浪漫主義和傳統的現實主義相結合，也使美的再現者擴大了美的界限，泰戈爾本人則成爲理想主義的現實主義者。一方面他沒有把美的感受限制在客觀可驗證的現實範圍內，在這種意義上說，他的觀點是理想主義者；另一方面，他把藝術歸結爲使我們更接近於現實的某種東西，在這種意義上說，他又是現實主義者。

那麼，客觀現實如何能使人產生美感呢？對於這個問題的回答，泰戈爾沿用了印度傳統的美學範疇，卽味與情的概念。他說：「我們的感情是胃液，它能把現象世界變爲更親密的情操世界。此外，外在世界有自己的汁液，它們具有不同的性質，可以

⑱ 泰戈爾：〈現代詩歌〉，載《詩探索》，1981年第2期，頁93，四川人民出版社。

⑲ 泰戈爾：〈什麼是藝術〉，載《人格》，頁12，1985年，馬德拉斯，英文版。

刺激我們的感情活動，在我們梵文修辭學中，這就稱作「羅沙」（rasa 味），它的意思就是指能引起我們感情（內部汁液）起反應的外界汁液⑳。簡單地說，就是人的內在感情（情）來源於外在的汁液（味），不同的味可以引起多種多樣的情。然而不是外在的任何東西都能引起情的反應，只有那些具有形象的東西才能產生情。譬如英文意識(consciousness)一詞在詩中就很少使用，因爲它沒有生命，「缺乏香味」。依此類推，一切抽象的字眼很難引起情的變化，泰戈爾認爲這些缺乏生命、顏色和滋味的東西，只能交給哲學和科學，如果想使哲學和科學的眞理也能刺激我們的感情，那只好進行藝術的加工，否則它們只能是未烹調的蔬菜，不宜於用作宴會的佳餚。這說明美感的產生，關鍵在於美的形式，一塊璞玉不能產生美感，只有當它琢成玉雕時，才能引起美的情操。談到美的形式，泰戈爾指出，音樂才是藝術最完美的形式，也是美的最直接的表達，因爲音樂具有單一和諧的形式。所以他說：

> 「眞正的詩人，他們是預言家，追求以音樂的詞彙來表達宇宙，……在音樂中情感的表現是直接的，它不受外界材料的干擾。……音樂永遠不會依賴任何明顯的含意，它說明的東西甚至不需語言來表示㉑。」

美的形式都與人的感覺器官發生關係，眼睛能看到美麗的色

---

⑳ 泰戈爾：〈什麼是藝術〉，載《人格》，頁13，版本同前。
㉑ 泰戈爾：〈在美中親證〉，載《人生的親證》，頁236-237。版本同前。

彩與形象；耳朵能聽到優美的旋律，但是，泰戈爾認爲，感覺器官的作用只能觸及事物的表面現象，所激發的感情也是浮淺的。眞正有頭腦的人，決不會看到畫中的五光十色就被迷住，或聽到某些曲調就易受感動，而是用心靈去體驗圖畫和歌曲中的「味」，他們懂得和諧之美。即使我們不能 得到這種偉 大和諧的確切涵義，這也無關重要。只要我們的心靈能直接感受到宇宙的慰藉與愛撫，那就是一種美的享受。這說明美感的產生不只依靠感覺和直覺，還要昇華到心靈和理性。尤其是對崇高美的感受，更需要道德的基礎。

審美思想需要理性的指導，同樣，對美的事物的創造也需要接受理性巧妙的安排，在這一點上，泰戈爾和意大利美學家克羅齊（Benedetto Croce，1866-1952）的看法是有分歧的。克羅齊認爲沒有客觀的美，美只是主觀的直覺創造出來的價値，他完全否認美的客觀基礎，宣揚「純粹直覺」和「純粹感覺」的作用。泰戈爾儘管也談到理性屬於科學和哲學的世界，直覺屬於藝術的世界；但是在談到具體的藝術時，當涉及到對藝術品的鑑賞和創作時，他也承認只靠感覺和直覺是不成的，還必須依靠心靈和理性。

至於美感有沒有客觀檢驗的標準，泰戈爾沒有明確的回答，他沒有明確談到「實踐」對美感標準的決定意義。但他一再強調好的文學、詩歌和繪畫的內容一定要反映現實世界。「抽象的眞理可以屬於科學和玄學，但是現實的世界卻屬於藝術[22]。」並說：「世上，有的事物是美的，有的是醜的；有的有用，有的無

---

[22] 《文藝理論研究》，頁174，1982年第4期。

用。但在創作領域內不能用任何藉口摒棄任何東西。文學和繪畫也同樣如此㉓。」因此藝術的內容不但要反映現實生活，而且要作到全面反映；藝術的形式則必須是整體的和諧。他認爲藝術家創作能力的高低就在於他是否能把握住事物的韻律，這韻律就意味著由和諧的制約所產生和支配著的運動。總之，完整的現實配以和諧的韻律，這便構成了泰戈爾的審美標準，也就是美感的標準。

（三）　論藝術美

甚麼是藝術？對這個問題泰戈爾拒絕給予回答，也不想給它下定義，他認爲給一個有生命的、正在成長的東西下定義等於扼殺它的生命。這正像一株樹，要想清楚的認識它，就把它的枝和根都砍掉，只剩下一段木頭，這木頭很適合從一個教室搬到另一個教室，以便於觀察和教學，但是這必定不是眞實的完整的樹。所以泰戈爾認爲給藝術下定義反而不能眞正地瞭解藝術，藝術似乎只是「空幻」，只是心靈的不斷活動。

既然藝術沒有固定的涵義，那麼藝術美的標準是甚麼呢？又如何達到這些標準呢？

首先讓我們看看泰戈爾對具體藝術的論述，從這些個別藝術中總結出一般規律。

泰戈爾一生共創作二千首歌曲，他認爲音樂是藝術的最高形式，從與音樂的接觸中，他找到了心靈難以接近的最高主宰，音樂使人陶醉，它將人的感情帶入無際的天空。音樂也是詩歌的伴

㉓ 泰戈爾：〈現代詩歌〉，載《詩探索》，頁97，1981年第2期，四川人民出版社。

侶，它表達了詩歌所不能表達的感情。他說：「音樂是表達思想狀況唯一的最好途徑。當我們唸一首詩時，聽得出唸詩時有許多間歇所造成的缺陷。音樂才是朗誦詩歌的最好方法㉔。」在各種不同的美的享受中，只有音樂所提供的享受是最完美的。音樂的美一方面表現於樂曲和音調；另一方面表現於感情。樂曲有多種類型，如西方音樂，印度古典音樂和印度民間音樂。泰戈爾則融古典和民間爲一體，創作出泰戈爾的調式，他將民間音樂的成份加入古典音樂之中，使古典結構變得靈活自如；又通過保存古典音樂中的精華而提高了民間音樂的美學水平。至於樂曲的好壞，除了音調的韻律之外，關鍵在能否表達情感，泰戈爾說：

> 「音樂本來的目的就是表達感情。就節拍本身來說，再美也沒有用處，只有涉及感情時，才會爲詩人和評論家所關心。同樣，音符集合在一起，沒有感情就像僵死的軀體，它可能是美麗的，但沒有生命㉕。」

所以樂曲和它所傳達的感情意義應該是一致的，二者唇齒相依，好的樂曲必然能使歌詞的意義更加明朗。

泰戈爾的晚年還創作了二千五百幅繪畫，V.S. 納羅婆尼介紹說，他的繪畫藝術最初是出於對文章的刪改和修補，逐漸地達到勻稱和完善；隨後則由線條和圖形發展爲一條腿、一個人頭或一隻鳥、一個花瓣的輪廓；以後則由單色發展成多色；最終以韻

㉔ 泰戈爾：〈音樂和感情〉，載國際大學編《泰戈爾導論》，頁47，1983年，加爾各答，英文版。

㉕ 國際大學編《泰戈爾導論》，頁47，版本同前。

律表達了自己完整的意思。對於他的畫，評論家曾給予不同的評論：錫蘭美術史家阿南達・庫馬拉斯瓦米認爲泰戈爾的繪畫是現代原始主義藝術的眞正楷模；西方的藝術家則認爲他是抽象主義的畫家。而泰戈爾本人對自己的繪畫是這樣描述的，他說：

「聲音的世界在無限的寂靜中是一片微小的喧嘩。宇宙萬物只具有姿勢的語言，它們以圖畫和舞蹈表示意思，在這個世界上每一個物體都以無聲的線條和色彩爲信號，表示這樣的事實，它不僅是邏輯的抽象或有用的事物，而唯一的是它的自身，它的存在就是奇蹟㉖。」

並說：

「在一幅畫中，藝術家創造出無疑是現實的語言，而我們只滿足於我們所見到的，它可能不是一幅美婦人的肖像畫，而是一名凡夫俗子的畫像，或者畫的是在自然界中沒有外在眞實憑證的某些東西，但只在它自身中具有內在的藝術意義㉗。」

從這些論述中表明泰戈爾的繪畫強調兩點原則，一是繪畫要反映客觀實在，客觀存在本身就是奇蹟，但是實在不等於眞實，實在也包括想像。二是繪畫必須有美的形式，無論畫的內容是什麼，

㉖ 國際大學編：《泰戈爾繪畫素描集》，〈泰戈爾自序：我的繪畫〉。

㉗ 同上。

都要具有內在的藝術意義，他認爲在生命中有許多東西都是過眼煙雲，轉瞬卽失，唯有藝術才是長留下來的客人。繪畫中的藝術美則表現於線條、色彩和比例的協調與勻稱。如果一幅畫能給人以魅力並留下深刻的印象，那就是有價値，否則不管多麼符合科學眞理或道德觀念，都會被捨棄和忘卻。

對於詩歌和文學，他同樣強調要體現人的內心情感，這正像以三種不同的思想類型去追求眞理。科學家和哲學家是通過理性分析；商人最關心的是市場價格，實用價値；而文學家和詩人是用自己的內心感受，親證萬物存在的最終眞理。泰戈爾說：「純粹的文學是非實利的，它的情味是無原因的[28]。」「文學賦予的享樂是美的享樂[29]。」而文學和詩歌的美主要表現在兩個方面：一是作家的心靈與外界的聯繫究竟有多深；二是這種關係得到了多少永恆性的反映。他認爲詩人富有幻想的心靈越是包羅萬象，我們從他的作品所包含的深刻性中所取得的歡愉就越多，人的世界的疆域就會伸展得越寬廣，我們所取得的感受也就越無窮盡。此外文學的創作技巧也具有十分重要的意義，文學應借助譬喩、韻律和暗示，通過優美的形式以區別於哲學和科學。文學的語言是修飾過的形象語言，圖畫和音樂往往成爲文學的助手。

總之，無論何種形式的藝術，它們的主要特性就是能喚起人們的形象思維，能給人以美的享受。但是「藝術中的美只是工具，而不是它的全部和最終的目的[30]」。「藝術美的眞正原理是

---

[28] 泰戈爾：〈文學的實質〉，載《泰戈爾論文學》，頁257，1988年，上海譯文出版社。
[29] 同上。
[30] 泰戈爾：〈甚麼是藝術〉，載《人格》，頁19，版本同前。

統一的原理㉛。」這種統一概括起來是指內容和形式的統一，個性和共性的統一，想像和現實的統一，味與情的統一等。這些既是藝術美的原理也是藝術美的表現手法。

統一也意味著均衡、和諧、協調或韻律，關於內容和形式的統一問題，在第五章談到泰戈爾的方法論時，在論證諸範疇之間的關係中已作過說明，這裏不再重複。需要提醒的是，在形式和內容之間，詩人更加強調形式應服從內容的需要，無論是詩歌、文學還是音樂都應如此。他說：

「爭論甚麼是審美感是無益的。我要講的只有一句話：我寫了許多散文詩；在這些散文詩中我想說的東西是其他形式所不能表達的。它們使人感受到簡樸的、日常的生活氣息。它們可能沒有富麗堂皇的外表，但它們並非因此而不美。……給予我美感的是史詩，而把這美感寫成詩還是散文，這於我來說是無所謂的㉜。」

就音樂的音調來說也是同樣道理，音調的韻律只能有助於情感的表達，而不能成爲表達感情的枷鎖。

關於個性和共性的統一，泰戈爾認爲個體是組成階層的基礎，人不能脫離階層而獨立存在，因此，在每個個體中都包含著集合體的因素，這便是塑造典型人物的眞實依據。他說：

「在《羅摩衍那》裏所見到的羅摩，決不是任何一個人的

㉛ 同上。
㉜ 泰戈爾：〈散文詩和自由體詩〉，載《泰戈爾論文學》，頁142。版本同前。

> 形象——其中不時注入不同時代的不同人物的優秀品質和情味，無數人的形象，在詩人心裏就轉化爲高大完美的羅摩形象，於是羅摩就成爲我們『心靈的人』。與實際世界的無數完美無缺的人相比，羅摩在我們的心坎裏是更爲眞實㉝。」

對壞人的塑造也一樣，我們有對世上許多壞人、壞事的零星認識，這些認識忽隱忽現，不時地圍困著我們，但在文學裏它們能被集中於一個人物身上而變爲我們每顆心靈中難以忘懷的形象，如像莎士比亞劇作《溫莎的風流娘兒們》中的福斯塔夫形象。這就是說，由藝術家所塑造的典型人物雖然不是現實存在的某個眞實的人，但是由於在典型的個性身上反映出共性，因此便眞正反映出社會的眞實。所以泰戈爾說：「個別與全體結合的形式越多，結合得越深，個別的發展就越多㉞。」

關於想像和現實的統一，泰戈爾認爲這種統一有其客觀存在的基礎，因爲在現實社會中充滿了各種各樣的矛盾，這些矛盾往往使我們感到迷惑，如果要想把它們清晰而有趣地表達出來，就必須具備藝術家有才華的想像力。想像的作用就是要把實際的東西轉化爲心靈的東西，把各種雜亂無章的事物轉化爲使我們心靈達到完美歡樂的和諧。泰戈爾肯定現實是想像的基礎，想像必須以生活作爲素材。他說：

㉝ 泰戈爾：〈文學的意義〉，載《泰戈爾論文學》，頁286，版本同前。

㉞ 泰戈爾：〈美和文學〉，載《泰戈爾論文學》，頁61，版本同前。

「我記得，當我幼年時，沿著我家花園的圍牆有一排椰子樹，它們的枝葉向地平線上升起的太陽點頭致意，像我自己一樣有生命，成為我的伴侶。我知道這是我的想像，這種想像將我周圍的世界改變為我自己與之交往的世界——這種想像便是尋求統一。但是我們應當考慮到這種伴侶是眞實的㉟。」

又說：「我們大量的活動是從事於製造想像，不是為了任何有用的目的或陳述理性的命題去努力，而是為了對這個現實的各種各樣的接觸給予不同的回答㊱。」所以想像的作用旣是為了深入地瞭解現實，也是為了深刻地表現現實。泰戈爾本人便常常採用這種方法來表達自己的情感。例如他把信念比作小鳥說：

「信念是鳥
它在黎明仍然黑暗之際，
感覺到了光明，
唱出了歌㊲。」

他把四月比作少女或孩子，把舊式留聲機中播出的歌曲，比做被囚禁在盒子中的仙女在傾訴自己的衷情。泰戈爾認為凡是智慧的抽象，如遺傳法則和幾何定理都沒有那種供想像的神秘魔力，只

㉟ 泰戈爾：〈詩人的宗教〉，載《創造的統一》，頁8，1988年，馬德拉斯，英文版。
㊱ 泰戈爾：〈詩人的宗教〉，載《創造的統一》，頁9，版本同前。
㊲ 泰戈爾：《流螢集》第192首，1983年，上海譯文出版社。

有和諧的鳥鳴，雨後陽光下閃爍的樹葉和藍天中飄浮的白雲……才能引起想像的夢境。

藝術美除了統一的原理之外，在表現技巧上同樣要求和諧與韻律，如詩歌講求格律、押韻；音樂講求旋律、音調、節拍；圖畫注重色彩、線條、比例；而一切文學、藝術都應是形象思維的楷模。通過形象思維，將外部世界的色彩、形態和聲音轉變爲我們的心靈世界，在我們個人興趣、愛好和情感的作用下，再現爲多種多樣的藝術世界。在這種轉變、結合和再現的過程中，藝術將揭開被抽象所掩蓋的眞實的面紗，而以具體的形象表現出人格的世界。

在談到藝術美時，泰戈爾還批評了近代藝術的一切弊病，如用僵死的抽象概念來代替情味濃厚的人格。戰爭的概念掩蓋了人類的痛苦和不幸；班級的概念掩蓋了兒童的實在性；國家的概念掩蓋了可怕的罪惡；宗教的概念給多愁善感的人們敷上了大帖的痲醉藥膏，總之，藝術不應是抽象概念的僕從，而應是眞實形象的再現。在現代藝術中，還有人爲了得到稱譽去追求內容的驚奇、荒誕；爲了譁眾取寵去追求形式的矯柔造作；爲了痲痺人們的鑒賞力而以色情和放縱來刺激人們的感情等等。泰戈爾批評說：「它們喧嚷著要求得到片刻的承認」，「它們生怕被視爲平庸」，於是「在藝術中耍弄機巧，製造驚奇，用那些異乎尋常的東西來譁眾取寵。」但是這些作品「絕不是藝術，這是一種愚蠢的叫喊，簡直有點像現代市場上的那種力圖吸引顧客的令人作嘔的廣告。」「在這些作品的姿態中實現著一種放肆的粗魯，使人聯想起那種硬以貧困爲榮的做作。」使人感到「性心理學的密室和精神毒素的藥庫被人盜竊了，以使用這些東西來爲人們提供刺激㊳。」泰戈爾強烈反對以這些不健康的文藝作品來毒害廣大讀者，他認爲藝術的最終目的是爲人們創造一種眞善美統一的形象，並以愛作爲聯繫神、人和自然的紐帶，藝術應給人以美的享受。

「人生的差錯
泣求仁慈的美，
美能調整人們的孤獨，
使之與整體和諧㊴。」
「啊，美呀，在愛中找你自己吧，
不要到你鏡子的諂諛中去找尋㊵。」

㊳ 參見泰戈爾：〈一個藝術家的宗教〉，載《文藝理論研究》，頁176-177，1982年第4期。
㊴ 泰戈爾：《流螢集》第47首，版本同前。
㊵ 泰戈爾：《飛鳥集》第28首，載《泰戈爾詩選》，頁71，1981年，湖南人民出版社。

第十二章　泰戈爾是中國人民的眞誠朋友

中印兩國自古以來有著悠久的友好往來的歷史，在兩千年相互交往的歷史長河中，有無數激動人心的故事，不斷促進兩國文化的交流與合作，加強了兩國人民之間的友誼。在古代，中國著名的佛教高僧法顯（約 337-422 年）、玄奘（602-664）、義淨（635-713），印度高僧菩提達摩（Bodhidharma ?-528）、眞諦（Paramārtha 499-569）、不空（Amoghavajra, 705-774）都曾爲中印兩國宗教和文化的交流付出了畢生的精力，也受到兩國人民的共同尊敬。在近代，中國的章太炎（1869-1936）、梁啟超（1873-1929），印度的維帷卡南達（Vivekānanda 1863-1902）也都爲增進兩國人民的相互瞭解和合作做出一定貢獻。至於印度人民對中國人民抗日戰爭的支持和援助，更使中國人民不能忘懷，其中就有我們眞誠的朋友詩哲泰戈爾。

泰戈爾早在青年時期，由於他親身經歷過殖民主義給印度帶來的災難，所以他對於有著同樣命運的中國寄予無限同情。1881 年，年僅二十歲的泰戈爾就寫了〈在中國的死亡貿易〉一文，文中寫道：

「由於貪婪財富（指英國），使整個民族（指中國）被迫吸食毒品，從未有人耳聞過如此大的騙局。中國哭著說：

『我不要鴉片。』對此，英國商人答道：『嗤！這怎麼可能！』中國的雙手被捆住，嘴中被強迫塞進鴉片之後，則要求他們為此付款。長期以來，英國人在中國就做著這種奇妙的買賣……❶。」

泰戈爾認為這根本不是貿易，而是一種強盜行為，英國人的做法完全違背了基督教的精神，他們將自己的貪婪和享樂建立在中國人民的痛苦上。他尖銳地揭露了鴉片貿易的實質。

1916年，泰戈爾同英國朋友安德魯斯、皮爾遜以及印度年輕的藝術家慕古爾·代（Mukul Dey）一道去日本訪問，途經香港時，他看到中國碼頭工人的勞動情景，於是在日記裏生動地描寫道：

「他們的身體洋溢著生命力，沒有絲毫的多餘……勞動使他們的身體顫動，如同琵琶彈奏的樂曲，……這裏我能強調說，沒有任何美女的形體能夠比他們的形體更優美，因為力量和魅力的平衡是如此完美，這是在任何美女身上也難以找到的。……看到了這種力量，勞動的歡樂和技藝集中於一身，我感到在這個偉大的國家裏到處都蘊含著無窮無盡的力量，當這種巨大的力量獲得了自己的現代工具時，也就是說，當掌握了科學時，那麼在地球上將會有什麼力量可以再阻擋它呢？到那時，它的勞動才幹和勞動物質將結合在一起。因此，現在地球上享有財富的所有國家

❶ K. 克里巴拉尼：《泰戈爾傳》，頁114注1，1984年，灕江出版社。

都害怕中國的覺醒，並妄想推遲這不受歡迎的一天的到來❷。」

泰戈爾到達日本後，同年，在東京帝國大學舉行了演講會，他發表了題爲〈日本的民族主義〉的演說，在該文中指出：

「以社會和人類精神理想爲基礎的文明，在中國和印度仍然是起作用的東西。雖然按照現代的機械功率的標準來衡量，看起來它也許很微弱，但是像小小的種子那樣都包含著生命，當季節來到，上天對它恩賜陣雨時，它將發芽生長，長出慈善的枝椏，開花結果❸。」

在這裏，泰戈爾表達了他對中國文明的讚賞和希望。

1924年，泰戈爾應北京講學社聘請來中國訪問，從4月12日到達上海至5月30日離滬赴日本，爲期共五十天，所到之處有上海、杭州、南京、濟南、北京、太原、漢口等大城市，前後公開演講及在小型集會上的談話約三、四十次。翌年在加爾各答將這些演說匯編爲《在中國的講演》一書。當時，徐志摩是泰戈爾訪華期間的陪同和翻譯，所以泰戈爾將此書獻給年輕的詩人，題詞是：「獻給我的朋友蘇西瑪（這是泰戈爾爲徐志摩起的印度名字），由於他的周到照料，使我得以結識偉大的中國人民。」

泰戈爾這次來華，從南至北，在我國知識界引起很大的回

---

❷ K. 克里巴拉尼：《泰戈爾傳》，頁315-316，版本同前。
❸ 泰戈爾：《民族主義》，頁33，1982年，商務印書館。

響，有褒有貶，稱讚他的，說他是「三春和暖的南風……，是普照的陽光❹」，像「喜馬拉雅積雪的山峰，一般的崇高，一般的純潔，一般的壯麗，一般的高傲❺。」還有人說他給我們以愛和光，指導我們在黑暗的旅路上向前走，「是我們一個最友愛的兄弟，一個靈魂上最密切的同路的伴侶❻。」也有人罵他守舊、頑固，甚至說他是「帝國政府的間諜，……亡國奴族的流民」等等，同是一個泰戈爾，為什麼會引起不同的回響呢？這應該從當時的時代背景來考察。

1924年，當泰戈爾訪華時，正值中國人民經受巨大苦難的折磨，籠罩在民族危機的陰影之下。各地軍閥連年混戰，帝國主義列強在中國劃分勢力範圍，企圖瓜分、併吞中國，人民貧困饑餓，流離失所，掙扎在死亡線上。代表不同利益集團的人物，自然會對泰戈爾宣揚的觀點有不同的看法。而泰戈爾本人又是內心充滿矛盾、具有進步和保守雙重性格的人物。因此，想利用他的人，極力宣揚他的保守方面，對他反帝反封建的進步方面隻字不提；相反，反對他的人，又片面攻擊他的保守思想❼。概括起來說，泰戈爾訪華引起不同回響的原因不外兩方面，其一內因是國內不同階層代表人物，根據自身利益需要，以偏概全，得出片面

❹ 徐志摩：〈泰戈爾〉，載《徐志摩作品選・落葉》頁125，1982年，花城出版社。

❺ 鄭振鐸：〈歡迎泰戈爾〉，載《小說月報》第14卷9號，1923年9月。

❻ 轉引自徐志摩：〈泰戈爾〉，載《徐志摩作品選・落葉》，頁124，版本同前。

❼ 關於泰戈爾來華的回響，參見季羨林：〈泰戈爾與中國〉一文，載《論泰戈爾》，頁151-155。

結論；另一外因是來訪者本人的內心矛盾，在聽眾中引起的曲解反應，因此見仁見智，對泰戈爾就有不同的評價了。

那麼，究竟泰戈爾在訪華期間作了哪些演講呢？大體上有以下四個方面的內容：

（1）自傳，泰戈爾作了簡要的自我介紹。

（2）暢談中印兩國人民的友誼。四月十三日在泰戈爾來華後的第一次談話中便表達了印度人民對中國人民的熱愛和期望，他說：

> 「我相信你們的前途有一個偉大的將來，也就是亞洲的將來，我盼望那一天，你們的民族興起，表現你們內在的精神，那是我們與有榮華的一樁盛業。……我記得千年前那一天，印度獻給你們他的情愛，契結了不朽的友誼，這層親族的關係，我盼望還是在著，在東方民族的心靈裏深深的隱著。在這千年內我們往來的道上也許長滿了蔓草，但我們卻不難發現原來的蹤跡，我們共同的事業就在祛除我們胸膈間壅積著的雜慾，再來溝通這名貴的情感的交流❽。」

他在中國期間還不只一次的談道：「我不知道是什麼緣故，到中國便像回到故鄉一樣。」「印度感覺到同中國是極其親近的親屬。中國和印度是極老的而又極親愛的兄弟。」「讓我們，中國

---

❽ 徐志摩譯：〈第一次談話〉，載《小說月報》，第15卷第8號，頁6－8。

和印度，聯合起來吧！讓歡迎偉大時代的歌聲響起來吧！讓我們兩個國家把歡迎的燈點起來，迎上前去吧❾！」最後，在〈告別辭〉中，他又闡述了我們兩國人民共同的悲慘命運，說明我們爲什麼應該是親密的朋友，他一再提醒大家「我們永遠也忘不掉在古遠的年代裏建立起來的關係❿。」

（3）讚揚中國具有優秀的文化傳統和高度的精神文明。他在清華大學的講演中說：

> 「你們中國人不是個人主義的，你們社會本身的基礎就在你們共有不私有的本性，……你們並不看重軍國主義的暴力……你們是好施與的，你們充裕時親族都沾恩惠，你們是重人情的，你們也不過分的營利⓫。……」
>
> 「我心裏時常存想，他們（指中國）是一個偉大的民族，你們創造了一個美的世界，我以爲卽是你們靈魂的表現。……他們（指帝國主義）的心是無情的、冷酷的，他們來到你們中間任意的侵略與剝削與摧殘，他們忘懷你們文化的貢獻，也不曾注意你們偉大的藝術。當然，你們也知道你們已往的歷史所凝成的純晶，不僅是眞的、美的，並且是神靈的⓬。」
>
> 「你們從來不曲解事物的本相，是什麼只當是什麼看待

---

❾ 參見戈寶權：〈泰戈爾和中國〉，載《南亞研究》，頁54-55，1983年第3期。
❿ 泰戈爾：〈告別辭〉，載《小說月報》，第15卷第8號。
⓫ 泰戈爾：〈清華講演〉，載《小說月報》，第15卷第10號。
⓬ 泰戈爾：〈告別辭〉，出處同上。

⓭。」

（4）強調東方的精神文明高於西方的物質文明，他勸告青年們不要倣效西方。泰戈爾認爲西方人以征服自然，征服其他民族爲榮，他們的政治文明是建立在排他的基礎上，時刻都想將異己置於絕境；他們的物質文明則是建立在吃人生番的基礎上，是依靠別國人民的財力和資源來養肥自己。他們爲了追求這種權力和財富可以不顧理想和道義。生活，在西方人那裏正像一座冰山，它在不斷增長的巨大壓力下已經搖搖欲墜，早已失去了道德上的平衡。與此相反，泰戈爾認爲就東方人來說，我們的主要特點不是把太高的代價花費在通過牟取利益的成功上，而是通過完成我們的「法」，我們的觀念，把代價花費在自我的證悟上，也就是說，東方人是以愛、以善、以追求內在的美作爲自己修煉的道德標準。因此，我們在政治上不是排他的而是聯合的，在經濟上不是靠掠奪而是求合作。所以，總有一天太陽會從西方的地平線上降落，而從東方的地平線上重新升起。

泰戈爾在中國的講演中，由於對西方的物質文明理解的不夠全面，因此，他對唯物主義也作了不正確的解釋，認爲唯物主義便是崇拜物質、金錢和權力。他說：

「唯物主義的傾向是獨佔的，所以偏重物質的人們往往不讓步他們私人獨享的利權、攢聚與佔有的慣習……你們不是那唯物主義的利己心的產物，不是無限制的爭競的混淆⓮……」

⓭ 泰戈爾：〈告別辭〉，出處同上。
⓮ 泰戈爾：〈淸華講演〉，載《小說月報》第15卷第10號。

「愛這地土，愛這地土所生產的物品不必是唯物主義，是愛不是貪，愛是寬容的，貪是乖戾的，愛是有限度的，貪是忘本分的⑮……」

這說明泰戈爾把貪、獨佔、積聚、權利、競爭和利己理解爲唯物主義的特徵，勸告青年們不必相信唯物主義，因而自然會受到一部份當時深受西方新思潮影響的青年們的反對和冷落了。

泰戈爾在中國的講演中，還不只一次地勸告中國青年不要模倣西方。他說：「我們全部僵死的習俗都是從我們自己過去的生活中抄襲來的，模倣也是抄襲別人的生活，兩者同樣不能構成眞實的成份。前者儘管是一條鎖鏈，至少適合我們的外形；後者對一切都不合適，同樣也只能是一條鎖鏈。生命要獲得自由必須自己成長而不能借用於別人⑯。」並且說：

「對於東方人來說，他永遠不會像一個畸形發展的附庸去跟在西方人的後面清掃塞滿了灰塵的垃圾，而且徒勞地試圖不顧神明去模倣他們責罵天國的姿態。……如果東方人總是企圖複製西方人的生活，那麼這種複製品將會受到限制而成爲一種僞造品⑰。」

從以上泰戈爾的言論來看，他當時用心是好的，希望東方青年自強自立，要尊重祖國的優秀傳統，不要盲從，不要跟在西方人後

⑮ 同上。
⑯ 泰戈爾：〈眞理〉，載《無際的天空》，頁339，1964年，加爾各答，英文版。
⑰ 同上。

面步其後塵。但是這些勸告又與中國當時實際情況脫離，當時中國科學不發達，技術落後，一部分有志青年正在努力學習西方的先進的東西，擺脫落後的傳統習俗的桎梏，採取西方物質文明的長處，要求振興中華。泰戈爾主張不要盲從西方是對的，但把西方物質文明說得一無是處，也就太偏頗了。因此，難怪當時有一部分青年人對其說教不以爲然了。

總的說來，泰戈爾這次訪問中國還是取得了一定成效的。它加深了兩國人民之間的相互瞭解，促進中國文化界對泰戈爾的瞭解和興趣，泰戈爾著作的翻譯和介紹也逐漸增多；同時也把中國人民的聲音帶到了印度。泰戈爾回國後曾向印度朋友們轉達了中國人民的情誼，向他們描述了長江兩岸的美麗風光。他說：

> 「正在熟睡的村莊伴著冷落的燈光，這沉靜的夜，一直延伸到遠方，暗淡而模糊……，破曉，小船漸漸清晰，白色的風帆高高地向空中伸展，我徐徐地移動，感到我自己的帆也乘上了風，它將我從過去的沉睡中、從束縛中帶出而進入偉大的人類世界⑱。」

印度朋友指出：「擺脫束縛，從過去的沉睡中走出來，進入偉大的人類世界，這正是泰戈爾給中國人民帶來的信息⑲。」

1937年3月，泰戈爾爲了進一步加強印中人民的友誼，促進兩國人民的相互瞭解，使中斷多年的絲綢之路能够儘快的恢復和

---

⑱ V. S. 納羅婆尼：〈泰戈爾和中國〉，載《今日印度》，頁42-45，1951年10月號，英文版。

⑲ 同上。

發展，決定在國際大學內設立中國學院，並聘請譚雲山先生爲第一任院長。泰戈爾親自主持開幕典禮，並在會上作了發言，他說：

「在古代中印之間聯繫的道路是在我們兩國人民之間建立起來的，當時中國人面臨著自然的障礙，需要勇敢的人們去克服，同時也面臨著精神的阻力，這些都被一種罕見的巨大的道德力量克服了，……中國和印度的關係不是戰場上的敵手，而是朋友，我們只是以交換禮物爲自豪。……後來，這種關係逐漸退步直到分離，以各自不同的積聚的塵土覆蓋了這條道路⑳。」

泰戈爾希望中國學院的成立能爲重新開闢中印文化交流的航道，爲恢復印中人民之間的友誼做出貢獻。後來的事實說明泰戈爾的希望沒有落空，在國際大學中國學院中的確培養出不少致力於中印友好關係和印度學研究的中國學者。

1937年7月日本軍國主義挑起蘆溝橋事件，進攻華北，中日戰爭爆發。泰戈爾對這場震驚世界的血腥屠殺，極爲憤慨，他多次發表文章、詩歌和言論，諷刺和斥責日本軍閥的野蠻行徑，對中國抗日戰爭給予最大的支持和鼓舞。

在〈敬禮佛陀的人〉這首詩中，他以譏諷的口吻寫道：

「戰鼓敲起了。
人們勉強把自己面容扭成可怕的樣子，

⑳ V.S. 納羅婆尼：〈泰戈爾和中國〉，版本同前。

咬起自己的牙齒；
在人們跑去爲『死亡』的肉庫
收集人肉以前，
他們整隊到佛陀，那大慈大悲者的廟宇裏，
祈求他的祝福，
戰鼓正隆隆地敲
大地顫抖著。

他們祈求成功；
因爲他們在割斷愛結，
把旗子插在荒凉的家園的灰燼上，
蹂躪了文化中心
和『美』的龕座，
把他們走過的綠野和鬧市的
道路用鮮血染紅了之後，
必定會引起哭泣與哀號，
因此他們整隊到佛陀，那大慈大悲者的廟宇裏，
祈求他的祝福，
戰鼓正在隆隆地敲
大地顫抖著。

他們要以凱旋的號角來標點
每一千個被殺害的人數，
來引起魔鬼的笑樂，當他看到
婦孺的血肉淋漓的肢體，

他們祈求他們能以『不眞』

來蒙蔽人們的心靈

來毒害神明的甜柔呼吸的氣息，

因此他們整隊到佛陀，那大慈大悲者的廟宇裏，

祈求他的祝福，

戰鼓正隆隆地敲

大地顫抖著㉑。」

1938年9月，當日本詩人野口米次郎（1875-1947）給泰戈爾寫信請「用他的影響」去說服中國人民，日本佔領中國只是試圖建立「一個偉大的亞洲大陸的新世界」時，泰戈爾立即給野口覆信，義正詞嚴地譴責了這種強盜邏輯。

泰戈爾說：

「人類雖然遭到許多失敗，但還是相信一個基本的社會道德結構。因此，當你說到那種，『雖然可怕，但爲了在亞洲大陸建立一個偉大的新世界而必然要採取的手段』——我想，這意味著把轟炸中國的婦女兒童和毀滅古代的廟宇和學校作爲了亞洲而拯救中國的一種手段——時，你是在爲人類開闢一條生活道路，而這條道路甚至在獸類中也不是無法避免的。……你是在骷髏的塔頂上建立你的亞洲概念㉒。」

㉑ 《泰戈爾選集·詩集》第108首，1958年，人民文學出版社。
㉒ 《人民日報》，1982年8月22日，泰戈爾：〈給野口米次郎的信〉。

泰戈爾把野口的行爲稱作是「知識份子的背叛」，他說:

「想起來令人悲傷的是，那些糾集在一起的軍國主義者們的狂熱，有時竟會無可挽救地壓倒卓有創見的藝術家，而且使眞正的理智力量把它的尊嚴和眞誠拿出來奉獻給黑暗的戰神。在譴責法西斯意大利宰割阿比西尼亞這些事情上，你似乎是同我的意見一致的，可是你對屠殺幾千萬中國人一事卻作不同的判斷。……由於支持一個從事於毀滅生活中一切顯著基礎的政府而受到寵愛，又同時用一種逃避現實的哲學來推卸任何直接的責任，在我看來，這正是現代知識份子背叛人類的另一確實徵候㉓。」

不久，野口再次來信爲侵華戰爭進行辯護，這時泰戈爾不得不做出第二次反擊，他在十月覆野口的信中再次爲中國人民的抗日戰爭聲張正義，他說:

「我認爲那種主張有權把他國人民的權利與幸福做爲本國祭壇犧牲品的愛國主義，將危及任何偉大文明的基礎而不會使它得到加強……，你抱怨說:『中國人不誠實』，……你可知道，善良和崇高的行爲是最好的宣傳，如果你們有這樣的行爲，你就無須懼怕你們受害者的『詭計』了。……假如你能使中國人民確信，貴國軍隊轟炸他們的城市，使他們的婦女兒童成爲無家可歸的乞丐，只不過是使他們受到一種仁慈的待遇，最後還能『拯救』他們的國

㉓《人民日報》1982年8月22日，泰戈爾:〈給野口米次郎的信〉。

家，那你也沒有必要再來說服我，讓我信服貴國的崇高目的了㉔。」

在信的結尾，泰戈爾毫不客氣的宣稱：「祝願我所愛的貴國人民不會勝利，但能悔悟。」

在譴責野口的同時，泰戈爾卻讚揚了中國人民的愛國主義精神和反對侵略的正義立場，他說：

「在模倣來的，帶有濃厚西方色彩的日本軍國主義面前，中國的立場則顯示出一種固有的高尚的道德精神。心胸曠達的日本思想家岡倉，曾經叫我放心，他說中國人是偉大的。今天我比以前任何時候都更深刻地瞭解到他說這句話的時候爲甚麼滿懷熱情㉕。」

同年，在「八一三」滬戰爆發不久，泰戈爾委託譚雲山帶給中國政府一封信函〈致中國人民書〉，在這封信中他揭露了日本帝國主義的侵略本性和他們在中國犯下的滔天罪行。同時也勉勵中國人民應該看到自己未來的前途，要爲建立一個新國家和新民族而奮鬭。泰戈爾在信中說，日本是中國的鄰國，它本受貴國豐富文化之深恩厚澤，理應向貴國講求友誼，這才是它自身根本而久遠的利益所在，但是：

「彼國卻受西方之惡毒傳染，乃轉身一變而爲一狂暴貪婪

㉔ 《人民日報》1982年8月22日，泰戈爾：〈給野口米次郎的信〉。
㉕ 《人民日報》1982年8月22日，泰戈爾：〈給野口米次郎的信〉。

之帝國主義者，反而向貴國趁火打刼，並自暴其可以保衛東方光榮使命之偉大機會，而使之成爲悲慘之禍根，彼之對於其勢力之高聲叫囂，對於生命不分皂白之兇狂殘殺，對於文化教育機關之肆意破壞，以及對於人類一切文明法典之任意侮蔑，實使正在時代前線努力奮鬪爭取光榮之近代亞細亞精神，蒙上一層不可磨滅之恥辱。……吾人之所慰藉者，卽希望貴國此次所遭彼蓄意刻劃暴力侵略，將附麗一莊嚴崇高之意義，使貴國由英勇犧牲之中，而誕生一新國與新民族生命㉖。……」

不久，在1939年聖誕節期間，泰戈爾再次來函，向中國政府和中國人民表示慰問和敬意，信中說：「貴國人民之英邁卓絕其性質不啻一雄偉之史詩，鄙人認爲無論如何，貴國將來之勝利，必於人類文明之精神園地中，永留燦爛之光明㉗。」從這些來函中我們看到泰戈爾具有愛憎分明的鮮明立場，他始終堅定地站在中國人民一邊，爲中國抗日戰爭伸張正義，鼓舞士氣，並希望中國人民能盡快打垮日本帝國主義的侵略，建設一個幸福美好的新中國，他對中國人民的情誼，對中華民族抵抗侵略者的熱情支持，深深留在中國人民的心中。

1941年，在他生命垂危的最後時刻，他仍然沒有忘記中國和中國人民所受的苦難，在他所寫的最後的控告中，他懷著幾十年的積憤寫道：

㉖ 姚江濱：《中華民族與亞洲總解放》，頁33-34，1940年，中國文化服務社。

㉗ 姚江濱：《中華民族與亞洲總解放》，頁35，1940年，中國文化服務社。

「還有一個中國，也是英國對其近代的悲慘歷史負有不可逃避責任的偉大的文明古國，起初，英國人爲了自己國家的利益讓中國人吸食鴉片，並由此侵佔了中國的部分領土，正當世界好不容易將遺忘這不法行爲時，我們又痛苦地爲新的事件而震驚，那就是日本正在偷偷地侵佔河北。而這種無法無天的侵略行爲正被老奸巨猾的英國政治家當做無足輕重的小事而不聞不問㉘。」

泰戈爾的一生就是這樣始終關懷和捍衛著中國人民的利益，在歷史的關鍵時刻，他總是站在中國人民一邊。在中國抗日戰爭時期，他仗義執言，爲中國人民伸張正義，呼籲世界人民支援中國抗戰，直到生命臨危的最後一年還念念不忘中國人民的命運。半個多世紀的人生歷程，足以證明泰戈爾是中國人民的最誠摯的朋友。他的偉大人格、崇高思想、愛國主義激情、國際主義胸懷、勇於探索不斷推新的藝術風格，以及樸實、誠懇、埋頭苦幹的作風等，都在中國人民心中留下不可磨滅的印象。

在中國，很多人都喜愛閱讀泰戈爾的作品，尤其是他的詩歌，對中國現代新詩有巨大影響。對於他的哲學和社會思想的研究是在1924年前後隨泰戈爾訪問中國而開展起來的，當時在《學燈》、《東方雜誌》、《小說月報》、《互助》、《文學週報》等刊物上陸續介紹了有關泰戈爾的世界觀、人生觀、方法論和藝術觀等論文和演講多篇。1921至1927年期間，泰東圖書館、商務印書館、新民社等出版單位還先後出版了他的論文集如《論人格》、

㉘ 泰戈爾：〈文明的危機〉，載《泰戈爾著作集》（八），頁458-459，1981年，東京，日本版。

《人生之實現》和《國家主義》等著作。在《學燈》上還連續刊載了《創造的統一》的中文譯文。除了出版泰戈爾的著作外，當時學術界還發表了不少研究泰戈爾思想的論文。六十年代初，紀念泰戈爾誕辰 100 週年時，再次掀起研究泰戈爾的熱潮，出版界出版了大批泰戈爾的文學作品，但對他的哲學著作介紹不多。八十年代初，泰戈爾誕辰 120 週年時，又掀起研究泰戈爾的第三次高潮，整個八十年代中，出版界翻譯和出版了有關泰戈爾的傳記和泰戈爾的文學、詩歌著作多種，還再版印行了《泰戈爾作品集》十卷集。對泰戈爾的哲學、教育、美學和社會思想的研究論文也發表不少。這說明中國人民對泰戈爾的興趣始終未減，隨著對泰戈爾多方面思想的研究擴大和深入，對泰戈爾的認識也將更加全面和深刻。

中國人民對東方詩哲泰戈爾的熱愛和緬懷，標誌著中印兩國古老文明的交融和新生，祝願中印兩國人民的友誼如長江——恆河之水，清澈甘甜，川流不息!

泰戈爾年表

1861年　5月7日，羅賓德拉納特・泰戈爾誕生於印度孟加拉邦加爾各答市的喬拉桑戈祖居宅中，是他父親的第十四個孩子。

1867年　進入歐里安塔・塞米納里學校學習。

1868年　轉入加爾各答師範學校學習。

1871—1872年　在孟加拉中等學校學習。

1873年　被授予聖線。隨父親去聖蒂尼克坦和喜馬拉雅山旅遊，並轉入孟加拉學院一所英國學校。

1874年　轉入聖・澤維爾中學讀書。首次在《哲學教育雜誌》上發表長詩〈心願〉。

1875年　輟學。2月，在「印度節」大會上朗誦愛國詩〈獻給印度教廟會〉，後載入2月25日《甘露市場報》。3月8日母親去世。

1877年　2月，在「印度節」大會上朗誦諷刺詩。後來又在大哥創辦的《婆羅蒂》文學月刊上相繼發表短篇小說〈女丐〉、長篇小說〈憐憫〉、歷史劇〈魯達爾昌德〉、敘事詩〈詩人的故事〉及古歌〈太陽組歌〉。

1878年　隨二哥去阿赫默德巴德。大量閱讀英文和梵文著作。在《婆羅蒂》月刊上發表論文〈撒克遜和盎格魯撒克遜文學〉、〈諾曼底和盎格魯諾曼底文學〉、〈但丁和他的詩〉、〈歌德〉等。開始作曲。後到孟買朋友家居住，曾向安娜學習英語口語。

9月20日，乘船前往英國學習法律，後來進入倫敦大學，學習英國文學和西方音樂。

1880年　2月，由英國回到印度，從事文學創作。發表敍事詩〈野花〉。

1881年　發表詩劇《破碎的心》、音樂劇《瓦爾米基的天才》、書信集《旅歐書簡》。

4月，準備第二次赴英學習，因姪子戀家中途折回。臨行前發表演講〈音樂和情感〉，並發表論文〈在中國的死亡貿易〉。

1882年　發表詩集《暮歌》、音樂劇《死神的狩獵》。經歷第一次「精神體驗」，寫下著名詩篇〈瀑布的覺醒〉。

1883年　出版詩集《晨歌》、長篇小說《王后的市場》。組織「智慧女神社」試圖用現代思想來發展和豐富孟加拉語，結果失敗。

4月至8月移居卡爾瓦爾，撰寫劇本《大自然的報復》。秋季，回到加爾各答從事詩歌和散文創作。9月11日，和瑪莉娜麗妮結婚（原名薄瓦達莉尼，比泰戈爾小12歲）。

1884年　出版詩劇《大自然的報復》、詩集《畫與歌》、《嬰兒音樂》、劇本《納麗妮》。

4月19日，他的朋友、慈母般的五嫂去世。幾周後，三哥去世。

開始擔任「梵社」秘書。

1885年 出版論文集《批評》、歌曲集《太陽陰影》。爲《兒童》雜誌和《婆羅蒂》文學月刊寫稿。

1886年 出版詩集《剛與柔》。

2月22日長女瑪杜莉拉達出生，愛稱貝拉。

1887年 參加社會改革，作關於印度婚姻制度的報告，公開譴責童婚習俗。

出版長篇小說《賢哲王》、書信集《信簡》。

1888年 長子羅梯德拉納特出生。出版論文集《評論集》、音樂劇《幻覺的遊戲》。

1889年 全家到紹拉普爾。出版詩劇《國王與王后》。在國內旅行，先後去過浦那、大吉嶺、伽吉普爾、聖蒂尼克坦等地。

1890年 8月22日由孟買啟程去英國，11月回國。次女列努卡出生，愛稱拉妮。

出版詩劇《犧牲》、詩集《心靈集》。首次將自己的詩歌〈徒勞的願望〉譯成英文。

1891年 去西萊達承擔管理祖傳莊園的責任，住在帕德瑪河上的屋形船內。開始撰寫短篇小說。與姪子共同創辦文學月刊《實踐》，直到1895年停刊。

出版《旅歐日記》第一集。

1892年 出版詩劇《齊德拉》、喜劇《大錯特錯》。小女兒米拉出生，愛稱歐德絲。

1893年 出版《旅歐日記》第二集。

1894年 擔任孟加拉協會主席。小兒子肖明德拉出生。

出版詩集《金帆船》、短篇小說集《小說集》、《小說匯編》（一）、（二）集、《小說四篇》，詩劇《告別時的詛咒》。

1895年　出版短篇小說集《小說十年》。

1896年　出版詩集《河》、《繽紛集》、《收穫集》、詩劇《瑪麗妮》。

1897年　出版悲劇《天堂的故事》、散文集《五元素日記》。

1898年　2月，在加爾各答羣眾集會上講演，抗議英國當局逮捕印度民族主義運動領袖提拉克。

1899年　出版詩集《夢幻集》。

1900年　出版詩集《刹那集》、《故事詩集》、《故事集》。

1901年　任《孟加拉觀察》雜誌編輯，直到1906年爲止。出版詩集《祭品》。

爲長女和次女完婚。

12月22日在和平村（聖蒂尼克坦）創辦一所小學，是爲國際大學的前身。

1902年　11月23日妻子去世，爲妻子寫詩27首，題名《回憶》。創作長篇小說《沉船》。

1903年　出版詩集《回憶》、長篇小說《小沙子》、詩歌《兒童》、短篇小說《因果》。帶子女去喜馬拉雅山阿爾莫拉療養。

9月，二女兒列努卡病逝。

1904年　發表短篇小說《天配良緣》。

1905年　1月19日父親逝世，享年88歲。

創辦政治性月刊《寶庫》

在孟加拉爆發反英運動時，泰戈爾積極投入運動，反對分裂孟加拉的活動。參加遊行，發表演說，創作愛國歌曲。出版論文集《自信力》、歌集《吶喊集》和詩集《自治》

1906年　送長子去美國伊里諾斯大學學習農業。

發表論文集《印度》、長篇小說《沉船》、詩集《渡口》。

1907年　與領導民族自治運動的國大黨領袖意見分歧，回聖蒂尼克坦從事文學創作和教育活動。

出版文學評論集《人物評論》、《古典文學》、《民間文學》、《文學》、《現代文學》、《諷刺劇》等。

11月23日小兒子肖明德拉病逝。

1908年　主持孟加拉邦政治協商會議。

出版論文集《自治》、《社會》、《集體》、《皇帝和臣民》、《教育》、《構詞法》，長篇小說《國王和上帝》，劇本《秋天的節日》和《皇冠》。

1909年　出版宗教哲學演講集《善行》、《聖蒂尼克坦》（一）～（八）集，劇本《懺悔》。

長子離開美國回到印度。

1910年　發表長篇小說《戈拉》，詩集《吉檀迦利》，劇本《暗室之王》，宗教哲學演講集《聖蒂尼克坦》（九）～（十一）集。

1911年　寫回憶錄和劇本。

12月，爲國大黨會議寫歌曲《印度命運之神》，獨立後，被選爲印度國歌。演講集《聖蒂尼克坦》第（十二）、（十三）集出版。

1912年 出版劇本《郵局》、《頑固堡壘》，自傳《回憶錄》，《短篇小說集》。

3月至5月在西萊達休養。編譯並出版英文詩集《吉檀迦利》。

5月27日赴英旅遊。6月至9月在英會見著名作家籲伯納、威爾斯及高爾斯華綏等人。

10月由英國往美國，在美國各地發表演講，1913年匯編出版爲《人生的親證》一書。

1913年 4月由美國回到英國，9月回到印度。

11月，《吉檀迦利》獲諾貝爾文學獎。

12月，加爾各答大學授予他名譽文學博士學位。同年，出版英文詩集《園丁集》、《新月集》，劇本《齊德拉》，小說集《孟加拉生活一瞥》。

1914年 8月在喜馬拉雅山的拉姆卡爾度夏，當他聽到第一次世界大戰的消息後，表示堅決反對戰爭。

出版《奉獻集》、《歌之花環》、《頌歌》。同年，英文本《暗室之王》、《郵局》和泰戈爾自譯爲英文的《迦比爾詩百首》也出版。

1915年 3月，聖雄甘地訪問和平之鄉，與泰戈爾初次會面。

7月3日，英國國王授予泰戈爾爵士稱號。

演講集《聖蒂尼克坦》第十四集出版。

1916年 5月至9月訪問日本，在各地發表演講。9月訪問美國。在日本美國訪問期間的演講，後匯編爲《民族主義》和《人格》兩本文集，於1917年出版。

同年，出版劇本《春之循環》，長篇小說《家庭與世界》、中篇小說《四個人》，論文集《積聚》、《介紹》，短篇小說集《小說七篇》。英文詩集《采果集》、《飛鳥集》和小說《饑餓的石頭》問世。

1917年 1月由美國經日本，3月份回到印度。

組織營救支持印度地方自治的安妮·貝贊特夫人。

12月，在印度國大黨年會上朗讀長詩〈印度的祈求〉。

英文本自傳《我的回憶》，劇本《犧牲》、《春之循環》出版。

1918年 發表詩集《逃避》。

5月，大女兒貝拉去世。

英文詩集《情人的禮物》、《渡》出版。

1919年 4月發生「阿姆利則慘案」。

5月29日給印度總督切姆斯福德寫信，聲明放棄「爵位」，並對英國的暴行提出抗議並斥責。

到南印度和西印度旅行。

6月26日在羅曼羅蘭起草的〈精神獨立宣言〉上簽名。

英文譯本《家庭與世界》、《逃避》出版。

1920年 5月15日同兒子一家前往英國，隨後訪問法國巴黎，結識了一些著名學者。後到荷蘭、比利時，美國，發表〈詩人的宗教〉演說，出版劇本《阿魯巴拉丹》，短篇小說集《第二個》。

1921年 3月由美國回到英國。後去巴黎會見羅曼羅蘭，在法蘭西大學發表〈森林信息〉演講。隨後去日內瓦，在羅素學院發表題爲〈教育〉的演講。又去德國漢堡和丹麥哥本哈根、瑞典斯德哥爾摩。6月回到柏林，去慕尼黑、達姆施塔特、維也納等地訪問並多次發表演講，會見各國著名作家，7月回到印度。8月15日在加爾各答發表《文明的匯合》演說。9月會見甘地，討論「不合作運動」問題，兩人意見分歧。

12月23日在聖蒂尼克坦正式成立國際大學，發表〈國際大學宣言書〉。

英譯本《沉船》、《游思集》出版。

1922年 2月，在國際大學主持紀念莫里哀誕生300週年活動。7月，擔任加爾各答紀念雪萊誕生100週年大會主席。9月以後在國內各地旅行。

12月，長兄去世。

同年，出版劇本《摩克多塔拉》，散文詩《隨筆》。詩集《兒童的天眞》。演講集《創造的統一》。

1923年 將自己發表的孟加拉語著作版權獻給國際大學。

1924年 4月至5月訪問中國，在各地演講，後匯編爲《在中國的講演》一書，於1925年出版。

5月至7月訪問日本。7月下旬回到印度，9月去秘魯訪問，因病在布宜諾斯艾利斯登陸，住朋友家養病，寫詩。

英譯本《戈拉》、《告別時的詛咒》出版。

1925年 1月4日從布宜諾斯艾利斯經意大利回到印度。

5月，甘地來訪，討論不合作運動。意見仍有分歧。

年底，泰戈爾被選爲印度哲學大會主席。

同年，出版詩集《東方》，劇本《喬遷》，歌集《吟唱集》。英譯本《紅夾竹桃》、《破裂》問世。

1926年 1月，出席在勒克瑙召開的印度音樂會議。前往達卡大學講學，訪問東孟加拉。5月15日出訪意大利、瑞士及其他歐洲國家，12月回到印度。

同年，出版悲劇《獨身者的宮廷》、《智者千慮》、劇本《宮廷舞女》、《紅夾竹桃》。

1927年 2月，組織排演《宮廷舞女》劇本。

3月，去西印度旅行，主持當地召開的印地文學大會。

夏季去阿薩姆的西隆避暑。寫小說《糾紛》。

9月訪問東南亞各國，12月回到印度。

1928年 1月，捷克斯洛伐克教授來國際大學任教，英國女歌唱家在國際大學舉辦音樂會，泰戈爾熱情接待了客人。不久，去錫蘭訪問。回印度後因病在班加羅爾休養。完成長篇小說《糾紛》和《最後的詩篇》。雨季在聖蒂尼克坦和什利尼克坦分別開創兩個新節日：植樹節和開犂節。

同年，出版劇本《最後的維護》。開始從事繪畫。英文本《泰戈爾誕辰紀念文集》出版。

1929年 3月1日前往加拿大訪問，作了兩次演講，題爲〈有閒的哲學〉和〈文學的原理〉。回國途中在日本停留一個月，並在西貢逗留數日，7月回到印度。

出版《國外遊記》，長篇小說《糾紛》、《最後的詩篇》，劇本《達帕蒂》，詩集《默胡阿》。

1930年　1月，去西印度旅行，在巴羅達發表演講〈藝術家的人格〉，3月，訪問歐洲。5月，在巴黎舉辦畫展；在牛津大學發表演講《人的宗教》。7月，在柏林舉辦畫展，會見愛因斯坦，訪問德國各地。8月，在日內瓦休養。9月，訪問蘇聯，寫《俄國書簡》。11月，訪問美國。12月，回到英國。

1931年　1月，由倫敦回到印度。3月，創作歌舞劇《新頴》，後在加爾各答帝國劇院上演。5月，全國各地慶祝他七十壽辰。年終爲他編輯一部「泰戈爾金色紀念册」。出版《俄國書簡》，詩歌集《森林之聲》，音樂劇《從詛咒下獲救》。

1932年　1月，甘地被捕，泰戈爾打電報給英國首相麥克唐納抗議英國鎭壓政策。26日，發表聲明，被新聞檢查委員會禁止，在義憤中撰寫詩〈問〉。4月，訪問伊朗和伊拉克。9月，支持甘地絕食鬭爭，24日到浦那看望甘地。

同年，出版詩集《結尾》，劇本《時代的車輪》，散文詩集《再次集》。英譯本《金帆船》問世。

1933年　在加爾各答大學講學。在安得拉大學連續發表演說〈人〉、〈超人〉、〈我是他〉，後匯編成《人》一書，於1934年出版。

出版中篇小說《兩姐妹》，詩集《千姿百態》，劇本《不可接觸的姑娘》、《紙牌國》、《龐薩莉》，論文〈印度的聖徒——羅姆·摩罕·羅易〉。

1934年 1月，率國際大學劇團去各地演出，爲國際大學籌集資金。出版長篇小說《花圃》、《四章》，音樂劇《傳說的故事》。

1935年 發表散文詩〈最後的旋律〉，書信集《樂律和音樂》，詩集《林蔭大道》。英文論文集《東方和西方》問世。

1936年 2月，在加爾各答發表關於教育問題的連續演講〈教育的理想〉、〈音樂在教育中的地位〉、〈自然科學教育〉。改編劇本並率劇團到北印度演出，在德里會見甘地。甘地爲國際大學捐款6萬盧比。

同年出版論文集《韻律》、《文學的道路》，散文詩〈葉盤集〉、〈沙摩利〉，遊紀《日本之行》。英文本《泰戈爾詩及劇本選集》出版。

1937年 2月，在加爾各答大學開學典禮上演講，用孟加拉語代替英語演講，在印度大學歷史上是第一次。3月，參加孟加拉文學大會，和紀念宗教改革家羅摩克里希那100週年大會。在國際大學爲中國學院主持揭幕典禮。夏天，在喜馬拉雅山度假，寫科普讀物《宇宙入門》，9月10日患病，曾一度失去知覺。

同年，出版論文集《雜亂的韻律》、《時代的變遷》、《世界知識》，短篇小說集《他》，詩集《韻律中的畫》。英譯本《人》出版。

1938年 出版詩集《邊緣集》、《黃昏的燈》，舞劇《不可接觸的姑娘》，書信集《給友人的信》，論文集《孟加拉語入門》。

和日本野口米次郎辯論日本侵華問題，強烈譴責日本軍國主義的野蠻行徑。

1939年　出版詩集《微笑》、《天燈》，舞劇《夏瑪》，論文和書信集《走過的路》。

1940年　發表詩集《新生者》、《木笛》，自傳《我的童年》，短篇小說集《三個伙伴》，詩集《在病床上》。

6月15日給美國總統羅斯福寫信，闡述印度獨立的願望。8月7日，牛津大學授予他名譽博士學位。9月19日到噶倫堡度秋，26日病重昏迷，29日被送回加爾各答就醫，不久好轉，回和平之鄉療養。

1941年　1月21日口述詩歌《生辰集》第10首。2月13日口述詩歌〈勞動者〉。4月14日發表最後一次演講〈文明的危機〉。5月7日度過最後一個生日。6月25日口述最後一篇短篇小說《穆斯林的故事》。7月回加爾各答祖居就醫。7月30日進行手術。8月7日12時13分逝世。

這一年出版詩集《康復集》、《生辰集》，短篇小說《閒話》，演講集《文明的危機》，論文集《棲身所的形式及其發展》。出版英譯本《文明的危機》。

1941年　泰戈爾逝世後，又發表了他的很多作品和書信。

參考書目

（一）中文書目：

1. 《泰戈爾作品集》1-10卷，
人民文學出版社　1961年北京第一版
2. 《泰戈爾劇作集》1-4卷，
中國戲劇出版社　1959年
3. 《泰戈爾選集》　石眞、謝冰心譯。
人民文學出版社　1958年
4. 《泰戈爾詩選》（《新月集》《飛鳥集》）
鄭振鐸譯，湖南人民出版社　1982年
5. 《吉檀迦利》　泰戈爾著，謝冰心譯。
人民文學出版社　1983年
6. 《園丁集》　泰戈爾著，吳岩譯。
上海文藝出版社　1959年
7. 《流螢集》　泰戈爾著，吳岩譯。
上海譯文出版社　1983年
8. 《鴻鵠集》　泰戈爾著，吳岩譯。
上海譯文出版社　1984年
9. 《情人的禮物》　泰戈爾著，吳岩譯。
上海譯文出版社　1984年

10. 《游思集》　泰戈爾著，湯永寬譯。
上海文藝出版社　1959年
11. 《戈拉》　泰戈爾著，黃星圻譯。
人民文學出版社　1959年
12. 《兩畝地》　泰戈爾著，石眞等譯。
人民文學出版社　1959年
13. 《家庭與世界》　泰戈爾著，董友忱譯。
山東文藝出版社　1987年
14. 《最後的詩篇》　泰戈爾著，廣燕譯。
北岳文藝出版社　1987年
15. 《孟加拉掠影》　泰戈爾著，劉建譯。
上海譯文出版社　1985年
16. 《民族主義》　泰戈爾著，譚仁俠譯。
商務印書館　1982年
17. 《一個藝術家的宗教觀——泰戈爾講演集》　康紹邦譯。
上海三聯書店　1989年
18. 《泰戈爾論文學》　倪培耕等譯
上海譯文出版社　1988年
19. 《泰戈爾傳》　K. 克里巴拉尼著　倪培耕譯。
漓江出版社　1984年
20. 《泰戈爾評傳》　S. C. 聖笈多著，董紅鈞譯。
湖南人民出版社　1984年
21. 《泰戈爾評傳》　V. S. 納羅婆尼著，劉文哲，何文安譯。

重慶出版社　1985年
22. 《泰戈爾傳略》　何乃英著。
天津人民出版社　1983年
23. 《家庭中的泰戈爾》　梅特麗耶·黛維夫人著，季羨林譯。
灕江出版社，1985年
24. 《甘地夫人自述》　伊曼紐爾·波奇帕達斯筆錄，亞南譯。
時事出版社　1981年
25. 《徐志摩作品選·落葉》
花城出版社　1982年
26. 《論泰戈爾》　張光璘編。
中國社會科學院·北京大學，南亞研究所出版　1983年
27. 《五十奧義書》　徐梵澄譯
中國社會科學出版社　1984年
28. 《摩奴法論》　蔣忠新譯。
中國社會科學出版社　1986年
29. 《古代印度文藝理論文選》　金克木譯
人民文學出版社　1980年
30. 《印度文化論集》　金克木著。
中國社會科學出版社　1983年
31. 《印度近代哲學家辨喜研究》　黃心川著。
中國社會科學出版社　1979年
32. 《印度近現代哲學》　黃心川著。
商務印書館　1989年

33. 《高級印度史》 R. C. 馬宗達等著，張澍霖等譯。
商務印書館 1986年
34. 《外國經濟史》 樊亢、宋則行主編。
人民出版社 1981年
35. 《中華民族與亞洲總解放》 姚江濱著。
中國文化服務社 1940年

（二）日文書目：

1. 《タゴール著作集》第 8 卷，〈人生論・社會論集〉
東京，第三文明社 1981年

（三）英文書目：

1. *Sādhanā* By Rabindranth Tagore
Leipzig 1921; Madras 1988
2. *Personality* By R. Tagore
Madras 1985
3. *Man* By R. Tagore
Andhra University 1965
4. *The Religion of Man* By R. Tagore
London 1949
5. *Creative Unity* By R. Tagore
Madras 1988
6. *Crisis in Civilization* By R. Tagore
Calcutta 1978

7. *Letters From Russia* By R. Tagore
Visva-Bharati Calcutta 1984

8. *Talks in China* By R. Tagore
Calcutta 1925

9. *Boundless Sky* By R. Tagore
Visva-Bharati Calcutta 1964

10. *Rabindranath Tagore A Biography* By Krishna Kripalani
Oxford University Press London 1962

11. *An Introduction to Rabindranath Tagore* By V. S. Naravane
Macmillan, Madras 1977

12. *Himself A True Poem: A Study of Rabindranath Tagore* By Hiren Mukerjee
People's Publishing House New Delhi 1961

13. *Bengal Renaissance and Other Essays* By Susobhan Sarkar
New Delhi 1970

14. *Introduction to Tagore*
Visva-Bharati, Calcutta 1983

索　　引

二　　劃

二十五諦　100
人格　180, 184, 196, 198, 208

三　　劃

上梵　48, 49, 83
下梵　48, 49, 83

四　　劃

什利尼克坦　156
幻論　31, 52

五　　劃

甘地　22, 23, 25, 132, 136, 140, 142, 150, 157
布拉瓦茨基夫人　6
尼赫魯　25

六　　劃

安德魯斯　149, 150, 160, 212

有限 32, 34, 38, 58, 59, 72, 73, 78, 84, 89, 177, 178, 183
印度梵社 6, 7
伊莎 107

七 劃

似 188
吠陀 28, 30, 47, 114
吠檀多 7, 28, 48, 187
吠檀多不二論 48, 51, 52, 83, 87, 100, 182
吠檀多差別不二論 31
吠檀多二元論 31
克羅齊 200
克里希那·克里巴拉尼 16, 150, 157

八 劃

拉達克里希南 25
味 63, 67, 186, 187, 188, 198, 199, 200
阿難達（喜） 187
阿姆利則慘案 22, 127

九 劃

毘濕奴教派 30, 31, 32, 33, 51, 108, 175
迦比爾 31, 32, 49, 111

哈拉帕　185
英迪拉・甘地　148, 164
祈禱社　6

十　　劃

耆那教　99
桑奇大塔　186
娑羅室伐底（文藝女神）　165
班吉姆・錢德拉・查特吉　7, 107
神智學社　6
般達　128
納那克　33, 175
徐志摩　213
原始梵社　6, 7

十　一　劃

梵　28, 29, 31, 47, 48, 49, 50, 51, 56, 57, 61, 66, 67, 73, 75, 77, 80, 87, 94, 100, 104, 105
梵社　6, 7, 11, 12, 15
梵書　28
梵我如一　28, 34, 41, 47, 48, 57, 59, 182
麥考利　108, 158
莊嚴　188
商羯羅　31, 48, 49, 187

情	186, 187, 188, 198, 199
野口米次郎	222, 223, 224

十 二 劃

森林書	28
畫法六支	187
無限	30, 32, 34, 38, 41, 54, 58, 59, 72, 73, 78, 84, 89, 93, 107, 174, 177, 178, 179, 182, 183, 192
超人	84, 89, 93, 109, 110, 111, 112, 113
提拉克	8, 18, 101, 132
斯賓諾莎	50
斯瓦米・維帷卡南達	132, 211

十 三 劃

聖社	6
聖蒂尼克坦	17, 23, 136, 149, 150, 151, 156, 157
路易・達斯	111
雅利安社	6
愛因斯坦	150
奧義書	27, 28, 30, 33, 47, 54, 64, 94, 107, 114, 182
奧爾科特	6
奧羅賓多・高士	132
達耶難陀・娑羅室伐底	6, 7, 132

解脫 100, 165

十　四　劃

蓋沙布・錢德拉・森 6, 7

十　五　劃

摩耶 52, 100
摩陀婆 31, 49
摩亨佐達羅 185
德瓦爾迦納特・泰戈爾 11
輪迴 100
數論 100

十　六　劃

辨喜 6, 101

十　八　劃

濟慈 176, 197
戴賓德拉納特・泰戈爾 6, 11, 12

十　九　劃

羅曼羅蘭 150
羅摩奴闍 31, 49
羅摩難陀 31, 32, 49, 111
羅姆・摩罕・羅易 6, 11, 12, 107, 132

羅摩克里希那	132, 174
羅摩克里希那傳道會	6, 7
譚雲山	160, 220, 224
韻	187, 188

後　　記

本書已完稿多年，由於種種原因未能及時出版。恰好傅偉勳和韋政通兩位教授正在主編「世界哲學家叢書」，本稿經主編審閱，同意列入叢書系列，由東大圖書公司出版。爲此，我十分感謝傅、韋兩位教授的支持和東大圖書公司董事長劉振強先生的協助。

在本書編寫過程中，黃心川教授曾將他多年積累的有關資料借給我參考，方廣錩副教授幫我翻譯部分日文資料；張惠蘭女士在尼泊爾學習期間爲我複印英文版《泰戈爾傳》；童瑋、王樹英、張錫麟、趙育潔各位先生，有的是我的學長，有的是我的同事，都曾積極幫我聯繫本書的出版，戴文葆先生還對本書寫作內容提出極有價值的建議，並積極支持本書的出版，在此，我對他們表示深深的謝意。

最後，我還要感謝沈振宏先生對我寫作本書時的具體幫助和鼓勵。在生活上他是我的伴侶，給我許多支持；同時，由於他對文學、藝術和歷史的多方面興趣，也給我寫作本書時提供了不少方便的條件。

宮　　靜

1992年7月，北京

世界哲學家叢書(七)

書　名	作　者	出版狀況
洛爾斯	石元康	已出版
諾錫克	石元康	撰稿中
希克	劉若韶	撰稿中
尼布爾	卓新平	已出版
馬丁・布伯	張賢勇	撰稿中
蒂里希	何光滬	撰稿中
德日進	陳澤民	撰稿中

世界哲學家叢書㈥

書名	作者	出版狀況
皮亞杰	杜麗燕	撰稿中
馬利丹	楊世雄	撰稿中
馬賽爾	陸達誠	排印中
梅露・彭廸	岑溢成	撰稿中
德希達	張正平	撰稿中
呂格爾	沈清松	撰稿中
克羅齊	劉綱紀	撰稿中
懷德黑	陳奎德	撰稿中
玻爾	戈革	已出版
卡納普	林正弘	撰稿中
卡爾巴柏	莊文瑞	撰稿中
柯靈烏	陳明福	撰稿中
穆爾	楊樹同	撰稿中
維根斯坦	范光棣	撰稿中
奧斯丁	劉福增	已出版
史陶生	謝仲明	撰稿中
赫爾	馮耀明	撰稿中
帕爾費特	戴華	撰稿中
魯一士	黃秀璣	排印中
珀爾斯	朱建民	撰稿中
散塔雅納	黃秀璣	撰稿中
詹姆斯	朱建民	撰稿中
杜威	李常井	撰稿中
史賓格勒	商戈令	已出版
奎英	成中英	撰稿中

世界哲學家叢書(五)

書名	作者	出版狀況
盧梭	江金太	撰稿中
孟德斯鳩	侯鴻勳	撰稿中
康德	關子尹	撰稿中
費希特	洪漢鼎	撰稿中
黑格爾	徐文瑞	撰稿中
叔本華	劉東	撰稿中
尼采	胡其鼎	撰稿中
祁克果	陳俊輝	已出版
約翰彌爾	張明貴	已出版
費爾巴哈	周文彬	撰稿中
恩格斯	金隆德	撰稿中
狄爾泰	張旺山	已出版
韋伯	陳忠信	撰稿中
卡西勒	江日新	撰稿中
雅斯培	黃藿	已出版
胡塞爾	蔡美麗	已出版
馬克斯・謝勒	江日新	已出版
海德格	項退結	已出版
高達美	張思明	撰稿中
漢娜鄂蘭	蔡英文	撰稿中
盧卡契	謝勝義	撰稿中
阿多爾諾	章國鋒	撰稿中
哈伯馬斯	李英明	已出版
馬克弗森	許國賢	撰稿中
柏格森	尚建新	撰稿中

世界哲學家叢書㈣

書名	作者	出版狀況
山崎闇齋	岡田武彥	已出版
三宅尚齋	海老田輝巳	撰稿中
中江藤樹	木村光德	撰稿中
貝原益軒	岡田武彥	已出版
狄生徂徠	劉梅琴	撰稿中
安藤昌益	王守華	撰稿中
富永仲基	陶德民	撰稿中
楠本端山	岡田武彥	已出版
吉田松陰	山口宗之	已出版
福澤諭吉	卞崇道	撰稿中
西田幾多郎	廖仁義	撰稿中
柏拉圖	傅佩榮	撰稿中
亞里斯多德	曾仰如	已出版
聖奧古斯丁	黃維潤	撰稿中
伊本・赫勒敦	馬小鶴	排印中
聖多瑪斯	黃美貞	撰稿中
笛卡兒	孫振青	已出版
蒙田	郭宏安	撰稿中
斯賓諾莎	洪漢鼎	已出版
萊布尼茲	陳修齋	撰稿中
培根	余麗嫦	撰稿中
霍布斯	余麗嫦	撰稿中
洛克	謝啟武	撰稿中
巴克萊	蔡信安	已出版
休謨	李瑞全	撰稿中

世界哲學家叢書㈢

書名	作者	出版狀況
智旭	熊琬	撰稿中
章太炎	姜義華	已出版
熊十力	景海峰	已出版
梁漱溟	王宗昱	已出版
金岳霖	胡軍	排印中
張東蓀	胡偉希	撰稿中
馮友蘭	殷鼎	已出版
唐君毅	劉國強	撰稿中
賀麟	張學智	已出版
龍樹	萬金川	撰稿中
無著	林鎮國	撰稿中
世親	釋依昱	撰稿中
商羯羅	黃心川	撰稿中
泰戈爾	宮靜	已出版
奥羅賓多・高士	朱明忠	撰稿中
甘地	馬小鶴	撰稿中
拉達克里希南	宮靜	撰稿中
元曉	李箕永	撰稿中
休靜	金煐泰	撰稿中
知訥	韓基斗	撰稿中
李栗谷	宋錫球	排印中
李退溪	尹絲淳	撰稿中
道元	傅偉勳	撰稿中
伊藤仁齋	田原剛	撰稿中
山鹿素行	劉梅琴	已出版

世界哲學家叢書(二)

書名	作者	出版狀況
朱舜水	李甦平	撰稿中
王船山	張立文	撰稿中
眞德秀	朱榮貴	撰稿中
劉蕺山	張永儁	撰稿中
黃宗羲	盧建榮	撰稿中
顧炎武	葛榮晉	撰稿中
顏元	楊慧傑	撰稿中
戴震	張立文	已出版
竺道生	陳沛然	已出版
眞諦	孫富支	撰稿中
慧遠	區結成	已出版
僧肇	李潤生	已出版
智顗	霍韜晦	撰稿中
吉藏	楊惠南	已出版
玄奘	馬少雄	撰稿中
法藏	方立天	已出版
惠能	楊惠南	撰稿中
澄觀	方立天	撰稿中
宗密	冉雲華	已出版
永明延壽	冉雲華	撰稿中
湛然	賴永海	排印中
知禮	釋慧嶽	撰稿中
大慧宗杲	林義正	撰稿中
袾宏	于君方	撰稿中
憨山德清	江燦騰	撰稿中

世界哲學家叢書㈠

書名	作者	出版狀況
孟子	黃俊傑	排印中
老子	劉笑敢	撰稿中
莊子	吳光明	已出版
墨子	王讚源	撰稿中
淮南子	李增	已出版
賈誼	沈秋雄	撰稿中
董仲舒	韋政通	已出版
揚雄	陳福濱	撰稿中
王充	林麗雪	已出版
王弼	林麗眞	已出版
嵇康	莊萬壽	撰稿中
劉勰	劉綱紀	已出版
周敦頤	陳郁夫	已出版
邵雍	趙玲玲	撰稿中
張載	黃秀璣	已出版
李覯	謝善元	已出版
王安石	王明蓀	撰稿中
程顥、程頤	李日章	已出版
朱熹	陳榮捷	已出版
陸象山	曾春海	已出版
陳白沙	姜允明	撰稿中
王廷相	葛榮晉	已出版
王陽明	秦家懿	已出版
李卓吾	劉季倫	撰稿中
方以智	劉君燦	已出版